遺言

愛しき有田へ

十四代
酒井田柿右衛門

白水社

14代柿右衛門（撮影=和多田進）

濁手　桜文八角鉢(写真提供=柿右衛門窯, 以下同)

濁手　山つつじ文鉢

濁手　菝葜文 蓋物

遺言　愛しき有田へ

装幀＝唐仁原教久
デザイン・図版作成＝白村玲子（ＨＢスタジオ）

目次

はじめに　5
第一章　有田の現状と原材料　7
第二章　伝統を継承する走者《ランナー》　41
第三章　愛しい有田へ！　75
第四章　さらば、十四代柿右衛門　中島宏（陶芸作家・人間国宝）　159
第五章　父十四代目柿右衛門　十五代酒井田柿右衛門　189
うしろ書き　十四代の哀愁　和多田進　211

はじめに

このたびは、十四代酒井田柿右衛門として「柿右衛門」のやきものの特徴について語れ、ということなんですなぁ。江戸時代からの柿右衛門窯を引き継いでいるわけですから、私は酒井田柿右衛門窯総代ということにもなるんでしょう。だからまあ、そういう責任をはたさないかんのでしょう……。

柿右衛門窯の仕事、「柿右衛門という仕事」についてお話しするわけですが、話を聞いてくださるみなさんにはやきものについて多少の予備知識をお話ししておかないといかんと思います。有田の「やきもの」のこと、やきものの全般について知っといてもらうと後がわかりやすくなると思うんです。

それから、私ももういい歳になってまいりました。それで、わたしがいま思っておることも正直に申し上げたいと思います。窯の後継者に私はバトンタッチをしなければならんのですが、そのことに関する私の考え方もまた正直に話しましょう。

しばらくお付き合いください。よろしくお願いいたします。

第一章

有田の現状と原材料

柿右衛門家屋敷全景（撮影＝和多田進）

「赤絵」ということ

「有田焼」とか「柿右衛門」といえば、だれもがまず「赤絵のやきもの」だと、なんとなく考えておられるんじゃないでしょうか。しかし、いわゆる「赤絵」というのは、赤い色が入っているから「赤絵」というんじゃありません。白い陶磁器の肌のうえに絵模様を描いたもののこと全般なんですね。赤い絵の具が使われているから「赤絵」というんじゃないんです。

赤絵のやきものにはいろんな色が使われております。実際にご覧になればわかりますけれども、緑もあれば青もありますし黄色もある。もちろん赤もあります。そのいろんな色のなかでも赤色の発色がいちばん難しいんで、それで、いちばん発色の難しい赤色がいろんな色の代表となって「赤絵」というようになっとるんでしょう。ですから、緑色の発色がいちばん難しければ「赤絵」とはいわんで「緑絵」というとったかもわからんのですよ。

そういうわけで、「赤絵」は「色絵」とか「彩絵《さいかい》」、「錦手《にしきで》」とかともいいます。「赤絵」のやきものを焼く窯のことを錦窯《にしきがま》といいますからね。「赤絵」は、中国の明の時代に完成したといわれておって、「万暦赤絵《ばんれきあかえ》」なんかが有名ですね。明の時代の万暦年間（一五七三—一六二〇）に作られた「赤絵」ですけれども、万暦でも初期のものは隆慶年間（一五六七—七二）と同じですし、末期のものは天啓年間（一六二一—二七）の「赤絵」とあまり変わるところがないようです。

ともかく、日本の「赤絵」は中国よりもずっと遅れてはじまったわけで、技術も遅れていました。だって、日本で「赤絵」がはじまる前には白いやきもの、白磁だって日本にはなかったんですから。

「濁手」について

十七世紀のはじめ、慶長の終わりごろ有田の泉山に白磁鉱が見つかりまして、それで磁器が有田で作られるようになりました。この磁器の技術は朝鮮から来た陶工たちが伝えてくれたものなんですね。ですから、焼き方は中国からのものではなかったわけで、当時は「赤絵」はありません。だいたい白い肌と染付ばかりだったんですね。

「赤絵」についてはまぁそういうような歴史があるわけですが、もうひとつはじめに言っておいたほうがいいと思いますのは「濁手《にごしで》」についてです。

「濁手」というのは白い磁肌の色合いを表現した言葉です。この手法は初期の柿右衛門のころすでに完成していました。「濁手」の白は、柿右衛門の「赤絵」の色がいちばん引き立って見える生地の色なんですね。白い磁肌に暖か味といいますか、温もりといいますか……、白というても柔らかい白味ですなぁ。

そういう白味を「濁手」といいますが、「濁手」の理想の色合いは米のとぎ汁のような色です。この色がでてますと柿右衛門の明るい優雅な色絵が一段と引き立つんです。この白い磁肌の色をだすには有田泉山の石のほかに二種類の石を混ぜて作ります。泉山の石だけでは青みがかった白になって、米のとぎ汁のような色にはならんのですよ。

ロクロの音が消える町

「赤絵」と「濁手」のことを最初に申し上げましたので、話を少しずつ先に進めていってても大丈夫でしょう。

私が仕事をしています有田のあたりの現状、私の身辺のことなんかから話をさせていただくのがよいだろうと思います。

有田の悪口をいうとご先祖さまに申し訳ない気持ちもありますし、怒られるかもしれませんが、ここ十年も二十年も、残念なことに有田の町からロクロの音が聞こえんようになりました。ロクロの音の代わりにオイルの臭とカタンカタンいう機械の音がしとるんです。それが、やきものの町・有田の現状です。

そういう時代だ、といえばそうなんでしょうが、有田のやきものの伝統を継承していくということが、私たち有田の町でも非常に困難になっとるわけです。

まず、やきものの原材料を整える人がいなくなりました。あとでもお話ししますが、いまは作りやすい土がいくらでもありますし、便利な絵の具でもなんでもたくさんございます。そんなわけですから、有田泉山の扱いにくい石なんかは使われなくなっていくわけですね。泉山の石は表情が豊かでございますから、扱う技術さえあればいい石なんです。しかし、扱う技術の修練には長い時間がかかります。

で、長い時間を費やすぐらいなら、扱いやすい石を使ったほうがよろしいということになるんでしょう。主としてそういう事情から有田のいい石が使われんようになっておるんです。

有田町にて。すでに使用されていない窯の煙突（撮影＝和多田進）

脱鉄のこと

私は化学者でもなんでもないんで詳しいことはわかりませんが、有田泉山の石には鉄などいろいろな物質が含まれているんだそうです。これを脱鉄するのには非常に時間がかかります。石をそのままそこら辺に転がしておきますと、もともとは白い色をしておる石がすぐに赤くなっていく。それで、鉄が含まれていることがわかります。白い石が赤くなる。これは石に鉄分が含有されている証拠といいますか、鉄分が酸化して表面に現われているということなんですね。

むかしはわたしのところでも家の周り

の平らなところに泥状にした石を土にして置きまして、一、二年間毎日その土に水をやっておりました。そうやって土を熟成させるわけです。磁器の生地をつくる土屋さんから納品された土を、そうやって脱鉄して熟成させとりました。土屋さんから土をもらってきて、それからまた一年も二年も時間をかけんと、ちゃんと使える土にはならんのですよ。

柞の木

土もそうですが、釉薬の原料についても同じようなことがいえるんですね。どこでも一緒でしょうが、いまも柞《いす》の木の灰を使います。柞は、わたしらは「ユス」といっとりますけれども、南九州に自生しとるマンサク科の木です。宮崎、鹿児島、大分、むかしはあの辺りにいっぱいありました。熊本なんかにもありました。その木の樹皮を焼いてできた灰をいただいて釉薬の原料にしとりましたが、最近はそれがなくなってきたんです。まったくなくなったわけではありませんが、本当に少なくなってしまった。

何の木の灰かは知りませんが、釉薬を作る灰はいくらでもある。しかし、柞灰《ゆすばい》というのは本当にほんの少ししかなくなりました。ですから、近くにうちの山があるものですから、十数年前からそこに柞の木をいっぱい植えましたした。以前はお茶畑にしていましたんですが、お茶は飲まんと水にしてもいいから（笑）、というわけです。お茶はいらんから、お茶の木を全部とっぱらって柞を植えろっていいました。

二〜三千本植えたんじゃないかなあ。これが使えるようになるまでにあと二十年から五十年ぐらいかかります。十五代か十六代が使うんかなあと思いまして。とにかくまあ、お茶の木よりもいいだろうって思って柞に代えたわけです。

ところがですよ、この柞の木っていうのはきちっと植えるとうまく育たん。駄目なんですよ。整然と植えてはいかんらしい。整然と植えますと、一本の木に虫がつくと全部の木がやられるんですな。そんなことは知らんもんですから、最初は茶畑に整然と植えましたんで失敗しました。柞の木は雑木林にバラバラに植えるとものすごく大きくなるし、すくすく育つんだそうです。そういうことを教えてくれる人がいなかったんで失敗したんですな、私のところは。

ですから、いまここでみなさんに教えておきます。柞はいろんな木の中に植える方がずいぶんと弊害が少ない（笑）。専門の先生に伺ったら、そういうてました。植える前にしっかり調べたり聞いたりしとくべきだった。ハハハ……。

専門家の先生のいう通りに植えてみたら、まさにその通りでございました。そういうわけですから、うちの裏の方の山には雑木といいますか、樫とか栗とか、いろんな木に混ざって柞の木もいま育っております。いろいろ試行錯誤をしてまいりましたが、これで、柞の目安もなんとかつきました、ということです。

有田の石

磁器の生地である土を作る石のことをもう少し話しておきましょうかね。有田にはもう石がないと思っておいでの方がいるようですが、そんなことはありません。石の山がまだいっぱいございます。有田に石がないんじゃなくて、先ほども申し上げましたが有田の石は扱いにくい、扱うには技術がいる、それで使わない。使えんもんだから使わん、ということになっているんだと思います。

有田の石はロクロが難しいですから、それでみなさん、天草とかどこかの石をブレンドしてお使いになっとるんでしょう。ところが、実は有田に石は山ほどございます。江戸時代からずっと四百年ほど使ってきましたけれども、まだまだ有田に石はございます。

ひと口に有田の石といっても、泉山、岩谷川内、竜門などの山々に白い石がございますので、まだ五百年や千年は大丈夫じゃないでしょうか。何度も申しますがここの石は作りにくいといいますか、ロクロが難しい。しかし、私は有田の石に惚れ込んでおります。たとえば泉山の石というのは、白いのは白いんですけれども焼きますと鉄分の関係で少し青味がかかるんです。これは鉄分が含まれとることに関係しとる証拠ですが、それで色味がのらんのですよ。でも、この青味がかった白は染付には実によく合います。

ですから、江戸時代から残っている古伊万里、柿右衛門、鍋島というこの三様式にはみな泉山の石が使われておりますね。染付の古伊万里、鍋島なんて、本当にいいじゃないですか。

柿右衛門も当然でございますけれども、ここの石の白には呉須がものすごく似合います。参考までに申し上げますが、呉須というのは白地のやきものに染付けられている濃紺の絵の具ですね。これは大きくわけると天然のものと合成（化学）したものとがあるんですが、化学的に作れなかった時代にはすべて天然呉須でした。日本ではほとんど手に入らない貴重なものだったので、中国産のものを使っとったんですね。いまはほとんどすべて化学的な合成呉須しか使われとらんと思います。

呉須は白地によく似合いますが、色絵になると、ちょっと冷たい感じになるんですな。それで初期の柿右衛門が、弱い石が他の山にもいろいろありますから、それを泉山の石に混ぜ合わせて「濁手」というものを作ったんだと思います。色絵専用の磁肌を作ったわけです、江戸時代に。

わたしんところではその「濁手」を復活させていまもやきものを作っとりますが、土を合わせるもんですから焼く過程で壊れやすいんです。違った土の粒子が混ざると、焼いとるうちに壊れるわけですね。この「濁手」ちゅうのは出来上がりの歩どまりが悪すぎるという欠点をもっとる。弱い石を混ぜるもんですから、窯に入れるとぐにゃぐにゃと曲がってしまう。製品として取れるのは二、三割でしょうか。ときにはもうちょっと取れますけれども、とにかく歩どまりが悪い。

綺麗と美しい

天草の石が有田に入ってきたのは明治になってからのことじゃないでしょうか。この石は本当に使い勝手がいいし、綺麗なんですね。私にいわせると天草の石は麻薬みたいな石です。ちょっと表情がない。それに綺麗すぎる。

綺麗というのは悪いことではありませんけど、美しいのとは違います。綺麗ではありますが美しくはない。

私はよくいうんです。綺麗なものはいらんって。美しいものが欲しいんですね、私は。ドイツのマイセンの職人さんたちといつも話すんですが、ヨーロッパの方たちの美意識というのは美しいと綺麗の区別が分からんようなんです。美しさと綺麗さというのは必ず両立しているんですが、日本人はその違いを知っている。それを区別できる。おそらく、綺麗というのは科学がすすめばコンピュータなんかで解明できるものだと思います。ところが、美しいというのは科学では解明できない性質のものじゃないでしょうか。

美しいものはどんどん廃れていってるんじゃありませんか？　美しいものというのは自然がもっている恵みそのものなんですね。有田の泉山の石も岩谷川内の石も、多治見で使ってらっしゃる石も、何億年、何百億年という時間をかけて作られた自然なんです。気が遠くなるような時間をかけて作られた自然の恵みといいますか、自然の恵みを吸収して作られた自然の恵みです。私はそれが宝、宝物だと思っとります。

有田の古いやきものには、そういう宝物の味が完璧にでとると思います、私は。骨董品で値が高いというのは、そういう自然の恵みがモノにでとるからでしょう。私は、それだから値が高いとしかいわんのです。いい作品だとかなんとかいうまえに、素材のもっている素晴らしさに眼と心を向けないといかんのじゃありませんかね。不純物をふくんだ素材、自然の恵みをそのまま素直に認めんとね。

不純物の大切さ

一般的な常識でいうと、不純物を取り去るっていうのはいいことなんでしょう。しかし、芸術とか工藝とかの世界では、それはとんでもないことをしていることになりかねんのです。私は安易に不純物を取り去ってしまうようなことには徹底的に反対しますね。長い時間をかけて蓄積された宇宙からいただいた宝物ですよ、不純物も。それらが風雨にさらされた時間を、どうして簡単に取り去ってしまえるんでしょうか？　そんなことのために科学を使わんで、具合の悪い私の腸、病気で手術しとる腸を治すようなことのために科学を使ってもらいたい（笑）。

とにかく、美しさを創りだす根源なんていうものは、人類なんかが作りだせるものじゃないんです。不純物が混ざった有田の山の石や絵の具もそうですけど、原料は全部鉱物でございます。鉄はもちろん、鉛、マンガン、銅……そういうものの熟成・酸化したものが絵の具の材料になるわけですが、劇薬を使ってそれらのものから不純物を取り去り、綺麗にしてしまってもいいのでしょうか？

たしかに不純物を取り去ってできあがった色は純粋で綺麗な色です。絵の具屋さんに参りますとそういう色がいっぱいあります。でも、見てください。そういう色には味がないでしょ。表情がないんじゃありませんか？　ペタンと色紙を貼りつけたみたいな色になっとりませんか？　濃淡くらいはつけられるでしょうけど、味がない。そうは思いませんか？

ついでですから申し上げますと、実は、私どもは古鉄屋もやっております。いや、もちろん、本物の古鉄屋じゃありません（笑）。の、ようなことをやっとるということです。全国の神社仏閣はもちろんですが、古い建物を壊すとか修理するとか解体するとかというときに、屋根なんかの銅板を捨てたり張り替えたりということをいたしますね。その際に古い銅板をいただくんです。古い銅が絵の具を作るときの原料になるわけですよ。なかなかいまは古い銅がないですからね。絵の具屋さんも簡単に古い銅なんて集められませんから、「先生のところで集めてください。それを一緒に使わせてください」なんていわれるんです。

京都の東本願寺が修復しておられたとき、そこの修復をしている建築屋さんが知り合いだったもんで、連絡がありました。それで、上棟式に出席させていただいてきました。私どもへの贈呈式みたいなこともあって、ちょっと照れくさかったんですが古い銅をいただきました。あそこは全国に系列のお寺さんがいっぱいあるんだそうで、その系列のお寺さんに古鉄類をくださるよう通達をだしてくださったんです。百五十年も二百年もの年月をかけて銅が錆びていく、酸化していく。それをいただいて、さらにぼろぼろにして絵の具の材料にする。ありがたい話ですよ。

五寸釘なんていうのがむかしはよく建物に使われておったんですが、あれがやきものの赤にいいんですな。もちろん銅板もいい。ですから、銅や鉄はやきものにとっては宝物でもあるんです。銅や鉄を使っている古い建物は私どもにとっては本当にありがたい宝物ですな。

古い鉄や鉛、銅なんかは最近の新しいのと違って不純物がいっぱい混ざっております。大正・昭和のものより明治以前、江戸末期くらいのものの方が不純物がいっぱい混ざっておっていいんです。これがまた宝物で、日本人のもっている独特の美意識とつながっていくようなものではなかろうかと私は思っているんです。

塩分を抜く

12代柿右衛門（提供＝柿右衛門窯）

しかし、そういう宝物の中からどうしてもひとつだけ取り去らなきゃならんものがあります。それは塩なんですな。塩気、塩分です。塩分だけはどうしても取り去らなければいけません。

私の祖父、十二代であるおじいちゃんが、私が大学をでたころから塩を抜くのを受け持てと私にいっとって、私は塩気を抜く係を受け持たされました。鉄や銅から塩を抜くというのは、ひとことでいうと、それらを水に晒すっていうことなんですね。鉄や銅を水に晒しますと不純物は残りますが塩分だけはなくなります。「一年半は水に晒せ」っていうくらいですから、長い時間がかかります。

鉄だと、酸化して錆だらけになったもの、銅板なら緑青《りょくしょう》化して銅板がぼろぼろになるまで酸化させたもの、要するに腐るまでほおっておいたものを窯の残り火で四〜五百度くらいで焼きます。それをぼりぼりに小さく砕いて、そんなに大きくないカメに溜めた水にそれを入れて晒すんです。

ぼりぼりに砕くっていっても、粉々にまではしません。粉よりは大きいのを水に入れて攪拌します。そうすると、ぼりぼりに砕かれて腐った鉄なり銅なりはカメの底に沈殿しますよ。沈殿したら水を新しいのに代える。水を替えたらまた攪拌して、それが沈殿したらまた水を代えて攪拌するということを一年半ぐらいやるんです。

塩を抜く作業っていうのは、そういう気の長い仕事なんです。で、そのカメを仕事場の入口に置いておいて、沈殿しておるかどうか私はもちろん職人さんたちもそこを通るたびに見るわけです。沈殿しておったら、また新しい水に代える。

なぜ時間をかけるか

学者の先生がたがこんなことを聞いたら、馬鹿にされるかもわからんです。そんなことせんでも、もっとちゃんと、さっさと塩分は除去できるんじゃないですかっていわれるでしょう。

その通りで、もっと簡単に塩は抜けると思います。しかし、他の方法だと塩だけでなく他のものまで抜けてしまうんです。必要な不純物まで抜けてしまう。そういうわけですから、私はこういうやり方しか知らんのです。塩以外のものは抜かずに塩だけ抜けるという他の方法を知っとる学者の先生がおられたら、本当に助かるんですがねぇ。

綺麗にするということは、いまの科学（化学）技術によれば簡単なことだと思います。薬品を使えば、おそらく一日かそこらでできることなんじゃないでしょうか。それを私どもは一年半もかけて塩分以外の不純物はできるだけ残して塩分だけ抜いているんですね。それは、そうしないと色絵の絵の具がピンピン飛んだり流れたりしてしまいまして、ぴしっと付かんかんからなんです。

「赤は塩をふく」ともいいますよ。赤絵の具に少しでも塩が入っていますと、赤色の表面部分が白くなっちゃうんですなぁ。その白くなったところを布で拭いてやると、瞬間的には光って赤に見えるんですがすぐまた白くなっちゃう。本当に不思議です。

それと、塩を抜くときの水も、水道水ではどうもうまくいきません。私どもの家にはむかしから何本も井戸がございましたが、やはり地下水、井戸の水がいいように思います。

上杉家の墓所の銅板、増上寺の銅板

あと、ご参考までに申し上げますと、山形県の米沢に上杉家代々の墓所があります。その墓屋根に使われてきた銅板も私どもがちょうだいしております。で、上杉鷹山先生の墓所の屋根に使われとった銅板のほうが、謙信公のよりも私どもにはいいんですよ。こういうことを申し上げるのは失礼かもしれませんが、私は心の中でいつもお参りしておりますからお許しいただけると思います（笑）。謙信公の屋根の銅板より鷹山先生の屋根の銅板のほうが素晴らしい。はっきりした理由はわからんですが、建てた時代の銅、銅板の質の問題じゃないかと思います。

それから、東京の芝の徳川家のお寺、増上寺の屋根もいいですね。那須の御用邸の屋根もいいです。他のいろんな屋根に使われている銅板とはちょっと違います。

皇后さまがやきものに詳しくていらっしゃいまして、いまの天皇がまだ皇太子だったころ、私どもが屋敷の食器をつくらせていただきました。そのとき、さきほどいいましたように、「私どもは古鉄屋もやっております」と申し上げました。そうしましたら、そのことをずっと覚えていらっしゃって、いつぞやお目にかかる機会があったときに皇后が

「（銅板などは）いっぱいあるから宮内庁にもいっておきます」とおっしゃってくださいました。

匁の世界に生きる

まあそんなわけで、私は色絵の絵の具の色にこだわりをもっております。窯の者たちまで「なんでそんなに？」といいますが、これは十二代、私のおじいちゃんの影響なんでしょうな。十二代もそうでしたが、私も色絵の絵の具の色が悪いと、もう死んだほうがマシと思うぐらい嫌なんです。「ちょっとしか違わん」とか「普通はわかりません」とかいう人もいますけど、私は色の悪いのには我慢ができません。

親父の十三代は絵の具の色のことなんかあんまり問題にしませんでした。親父は土とロクロのことばっかりいっとりました。おじいちゃんの十二代は「ロクロは知りません」というふうで、絵のほう、絵の具の調合のことばっかり私にいっとったんです。

絵の具の原料を計るのに三匁《もんめ》だとか五厘《りん》だとかとよくいってました。一厘は匁の百分の一で、一匁は三・七五グラム、一貫の十万分の一とかといいますけど、いまだに私にはグラムがよくわかりませんね。

学校をでて有田にもどったら、十二代に絵の具のことは全部お前がやれといわれました。それで、一斤《きん》、二斤、一匁《もんめ》、二匁をグラムに直してやろうとしたんです。そうしたら、十二代にものすごく怒られました。「そんなことやる必要ない！」って。それ以来、私も一匁、二匁の世界に生きとります。ですから、グラムの世界はわかりません。何匁の世界だったらわかりますよ、もちろん。

世の中の変わり目と十二代の死

おじいちゃんの十二代が亡くなったのは昭和三十八（一九六三）年、東京オリンピックの前の年の三月でした。ですから、十二代の晩年あたりが日本のなにからなにまでが変わっていった境目の時期だったんでしょうね。絵の具の原料も変わりました。

十二代が「絵の具の原料が変わったんじゃないか、ちょっとおかしい」というんで、名古屋とか京都あたりの絵の具屋さんに私もついて二、三度十二代と一緒に行ったことがあります。そうしたら、ある絵の具屋さんで、「いまごろどうしてそんな絵の具を使うんですか？」と馬鹿にされました。絵の具屋さんの名前は申し上げませんけど、原料を扱っている大きな問屋さんです。「いいものがいっぱいでているのに」っていわれたことをいまでもよく覚えとります。

でも、私のおじいちゃんはむかしながらの絵の具にこだわっていたんですね。絵の具の原料がよくなったといったって、実際に使ってみて色に表情がないんだから使えるわけがない、というのが十二代の考えだったと思います。そしていま私もまた十二代のおじいちゃんと同じ考えなんですね。

合理性と非合理性は車の両輪

もうひとつ、窯焚きのこともいっておきましょうか。私のところの窯は、いまでも薪でやっとります。ガス窯もひとつ持っとります。普通の食器なんかはガス窯でもなんとかなるんですけれども、なにかちょっとしたものをガス窯で焼きますと、できあがったものがしとっとしない。キラキラ光る感じでもの足りんのです。綺麗に焼けてしまうといってもいいと思います。まあ、いろいろ試して使いこなそうとしているわけですが、なかなか思うようにはいかんのですなあ。

誤解されたら困りますから申し上げておきますが、私は便利ということも大切だと思っておるんですよ。しかし、便利さだけを求めるあまり大切なことを忘れていませんか？

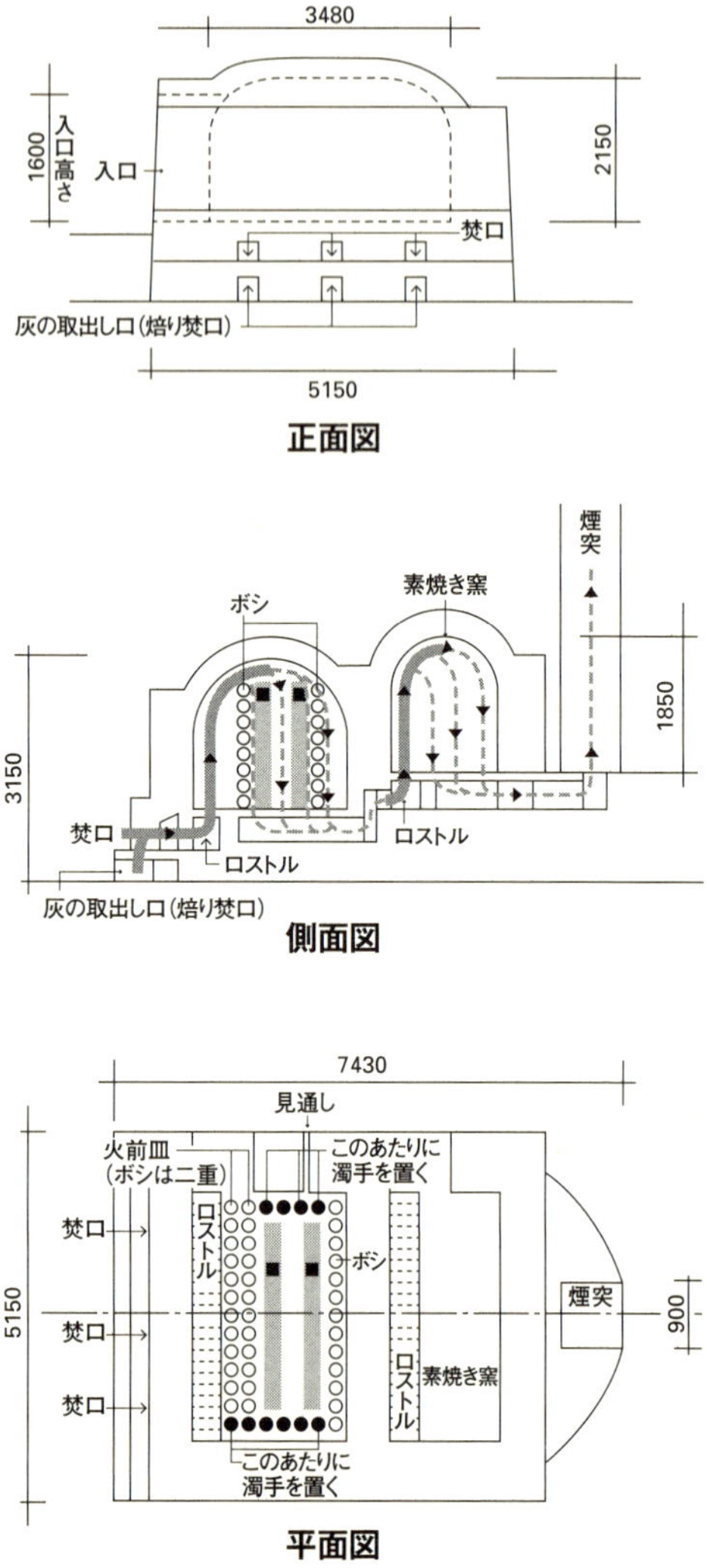

柿右衛門窯の本焼き窯

ということを申し上げたくていろいろいってるんです。合理性と非合理性は車の両輪のようなものでなくてはいかんのじゃないでしょうかね。

合理的で、便利で、新しいものをつくるには新しい技術が必要です。ところが、その新しい技術だけに目を奪われてちゃいかんのじゃないですか？　日本工藝会に五十年くらい席を置かせていただき、伝統工藝展にも五十回近く出品してきて、やっぱり伝統的な技術を大切にしなければと私は改めて思うとるんですよ。

私がまだ若造の時代にご指導なりお叱りをいただいた諸先輩の作品を見させていただいても、技術の大切さということを痛感いたします。たしかにみなさん、形といいデザインといい、伝統の形を整えながらおつくりになっておられる。ただ、私が少し口はばったいことを申せば、形はいいとしても、ロクロの厚みとか重さということになるとどうなんだろうと思うようなものもあるんですね。

ロクロの技術、型打ちの技術、そういうものの技術ということは当然あるわけです。しかし、土、石、やきものの素顔の表情っていうようなもの、やきもの全体のバランスということが私には気になります。ひとつひとつの仕事の技術のうえにそういうバランスが生まれてくるわけですから。

まずデッサンを！

いつでしたか、あるやきものの展覧会で作品を見ておって、ドキッとしたことをいま思いだしました。それは、いくら技術を重ねても結局は美に到らないことがあるということを発見したんですよ。そして、美を生みだす技術というのは手にあるんじゃないかと思うようになりました。美は手から生まれるんじゃないかということを私はそのとき気がついたんですね、きっと。

そうですけれども、ものを作るにはまず技術を習え！　と私は若い人たちにいいたい。先輩からも私はそういわれてきました。それで、やきものをやるんでもまずデッサンをやれ、スケッチをしろ！　といいたいんです。やきものを教えるような大学にはデッサン室なんてものはないんじゃないでしょうか。

ある程度は絵の勉強をせんと、ものは何もできないと思いますね。あえて申し上げれば絵の勉強、スケッチ、デッサンの修行をしないとやきものは作れません、ということです。

腕だけでは作家になれん

大雑把に日本を東と西とに分けてみますと、東の方には絵を描ける先生がとても多いような気がしております。ところが西の方、われわれ九州なんかは特に絵が得意じゃない。九州の先生には叱られるかもわからんですが、よく手は動くんですが絵ができないということが多いように感じます。職人、技術者として一生を過ごす人はまたちょっと違うかもしれませんが、作家ということになってものを作っていく場合は、やはりデッサン力と手の技術が重なっていかんとモノにはなりませんね。

技術がないと駄目だということをさっき私は強調しました。もちろんこれは間違っていないと思いますし、技術を蓄えることは大切だと思います。これは強調してもし過ぎるということがありません。そのうえで、じゃあ、なぜ技術が大切なのかということを考えなければならんのじゃないですか。ものを作って他人に見せる、作家の場合には特にそこを考えなくてはいけません。

作家は技術をならべて見せるのが目的でものづくりをしているわけじゃありませんからね。自分が表現したいことを表現するために作家は技術が必要なんです。職人とか技術者と作家はそこが決定的に違います。技術という言葉が難しいなら、腕といってもよろしい。作家というのは腕だけでは作品にならん、ということです。

有田周辺には、ロクロの上手な先生がいっぱいいらっしゃいます。ロクロの腕だったら世界一かもしらんというような先生もいらっしゃる。しかし、そういう先生でも絵にはあまり関心を示されない方がいらっしゃいます。最近の作家先生にはロクロも絵も上手いという方が少ないように思いますが、やはりこれではいけません。両方相まって美しいもの、形の整った作品世界ができるわけですから、片方だけでは駄目でしょう。

職人の世界、作家の世界

作家と職人の区別がつかんような時代になってきたということなんでしょうか。日本の工藝の歴史というのは、職人の素晴らしい技術によって支えられてきました。私どものような窯元の職人は作品を作る人じゃないんです。伝統を踏まえた技術を、しっかり継承していく技術者なんですね。職人の世界では一級の技術だけが支えになっておるわけです。ですから、一人前の職人になるには二十歳からはじめて五十歳になるくらいまで努力せんといかんのです。少し頭が禿げるくらいになって、ようやく一人前といわれるのが職人の世界なんです。

ところが、作家先生というのは職人とは違います。作家先生はある程度の技術的な修行はしなければなりませんけれども、自分自身の世界を築くことが目的でやっとるわけなんですから、職人の修行とは違います。技術を修業する目的が違う。

そういうわけですから、職人に向いている人と向かない人がおりますね。私はずっといっとるんですが、職人にはなるべく不器用な人がいいんですよ。器用な人間は、少し仕事に慣れてくると自分の手が動いてしまって自分のものを作りたくなる。器用は個性が強いということにも通じていますから、自分のものを作りたくなったりして長つづきしません。職人になるための反復する修業に耐えきらんことが多い。

私の友人の大工さんの息子を、宮大工として有名な小川三夫先生のところにお世話したことがあります。いまその子は小川先生のところに入って十数年になりますが、立派な職人に育ちつつあります。

その子を小川先生のところに紹介したとき、小川先生が私に「そのお子さんは器用なほ

陶石を掘る（採掘）

↓

陶石を砕く
↓
粘土を作る
（製土）

↓

ロクロや型で器の形を作る（成形）

↓

900度くらいで焼く（素焼き）

↓

素地に絵を描く（下絵付け）

↓

釉薬をかける
いったん絵は見えなくなる（施釉）

↓

本焼き
1300度くらいで焼く（焼成）

↓

赤、黄、緑などで絵を描く
上絵付け（赤絵付け）

↓

赤絵窯
800度くらいで焼く

↓

検査

↓

出荷

※柿右衛門窯の場合は素焼きと本焼きのあとにもそれぞれ検査が行われる。

有田焼の基本的な工程

うですか、不器用なほうですか?」とお聞きになりました。そのとき私は、ドキッとしましたね。私はその答えを知っていましたから、すぐに「不器用です」っていいました。本当に不器用だったかどうかは知りませんでしたけど(笑)……。

小川先生は、「それならいいけど」とおっしゃいましたが、そのことを私はいまだに忘れません。同じ宮大工の西岡常一先生の著書でしたか、それにも、職人は不器用な方がよろしいというようなことがたしか書かれてあったと思います。

有田窯業大学のこと

作家になるのがいいのか職人になるのがいいのかっていうのは、それぞれの考え方や立場にもよるでしょう。もちろんこれは優劣の問題でもありません。ただ、戦後になって作家にばかり光が当たりすぎてはいませんか? というのが私の考えなんですね。日本の工藝のすごさということを考えますと、何百年もむかしから職人の技によって支えられてきたことは明らかなんです。このところずっと私が職人職人といって職人の育成や職人の素晴らしさを強調してきたのは、職人がいなくなると伝統も工藝もなくなっちゃうからなんですね。職人がひとりもいなくなってからじゃもう遅いんです。

そういうこともありまして、有田にある窯業大学は職人を育てる学校にしたいと思っとります。職人の仕事を一生かけてつづけたいという若者を育てたいんですね。しかし、実は作家になりたい、偉い先生になりたい、そういう希望をもって有田の窯業大学に入ってこられる人たちが多いんです。そういう人たちに「職人の修業をしてからでも作家になるのは遅くはない」と私はいいたい。三十歳、四十歳、五十歳になってからでも作家になれるんですよ。きちっとした修業をしてない作家よりも、下積みの職人修業をしっかりしている人のほうがいい作家になれますよ、といいたいんです。

有田の窯業大学には、海外から留学生のみなさんがみえておられます。ドイツからも中国や韓国からもきております。特に、韓国には色絵磁器の伝統がなかったものですから、色絵磁器をやりたいという学生がきております。立派に大学院を卒業して、いろいろな技術を身につけてソウルの大学にもどられた人もいました。

中国では文化大革命のころに技術者というものがいなくなっちゃったんですね。文化大革命で、すべて大量生産に切り替わった。ですから、あの有名な景徳鎮なんかに行きましても大工場が林立しているだけで見るべき技を見ることはできません。伝統的な仕事を俯瞰できる資料館も、私が行ったころは閉じていました。現在どうなっておるかわかりませんが、文化大革命の後というのは、伝統ある中国のやきものにとってはそれこそ大変な変化でございました。

慶州なんかの窯も同じです。まあ、いまでは台湾の故宮博物館なんかに行ってモノを見るくらいしか意味がないようなことになっておりますね。

技術と職人の連鎖

そういう状況を見ますと、日本も中国みたいに工業生産ばかりになってしまうんじゃないかという心配を私もしていないわけじゃないんです。そりゃ、中国のようにはっきりした国策としては見えませんが、じわじわと工業製品化が進行していることは間違いありませんからね。

たとえば、ここにひとつの湯飲み茶碗があったとしましょうか。その、ほんのひとつの小さな湯飲み茶碗を作ろうと思えば、ざっと数えて何十人もの職人が要るんですね。石を見分けて土を作る人、ロクロを回す職人はもちろんですが、ロクロそのものを作る職人も必要です。ロクロを作るだけだって何人もの職人が必要だということは、ちょっと想像力を働かせればわかるでしょう。そういう技術の連鎖、職人の連鎖がずーっと連なっていってひとつの小さな湯飲み茶碗を完成させとるんです。日本の工藝を形成している姿というのはそういうもんですよ。いや、そういうもんだったんです。

箆《へら》を作る職人もいない

実は、もうちょっといえば、うちのロクロは欅でございます。中国では槐《えんじゅ》が多いと思いますが、槐という木のロクロがいちばん古いのですが……。しかし、現在ではロクロを作る人も修理する人もおらんようなことになっとるんです。

やきものの生地を削ったり彫ったりして模様つけるのに使う箆なんかもそうです。箆を作る職人がもうおりません。もの作りっていうもんは、なんか作る人間の心の満足っていうか、自分自身の満足のための道具がいるんですけれども、実はこれは大変なことなんですね、もの作りにとっては。

職人は自分好みの道具が欲しい。また、そういう道具がどうしても必要なんです。でも、そんな道具を作ってくれる職人がもうおりません。

仕方がないので、うちでは職人たちに箆なんかは自分で作らせとります。箆にする葛《かずら》を山でガリガリ切って、その蔦《つた》でぎゅーっと強く締めるんです。そうやったものを、こんどは蓮の畑、あのどろどろした蓮の畑に埋めます。一年か一年半くらい蓮の畑に埋めときます。そうすると強く締まるし、曲げやすくなるんですね。そういうことをちゃんとやったもので曲げると、気持ちよくピシッと曲がります。

時間をかけ手間をかけ、そんな変なことまでやって箆を作っとるんですけど、工藝をつづけていくとか産地を守っていくということは、実際のところそういうことなんじゃないかと思います。

第二章

伝統を継承する走者《ランナー》

柿右衛門窯　細工場（撮影＝和多田進）

柿右衛門の仕事

柿右衛門の仕事とはどういうものであるかをみなさんに知ってもらうということも、私たちにとっては大変重要なコトなんですね。まあ、近年にかぎってなんでしょうが、いろんなところでお話しする機会が多くて、みなさんの前でいろいろお話することがずっとつづいておるんですよ。つい先日は茨城、二、三日後には名古屋の徳川美術館にも呼ばれております。まあ、それで今年はだいたい終わりになりますかね。

少し前には金沢の兼六園にある金沢県立美術館に行ってきました。せっかくの機会だったので一週間ばかり有田を留守にしとったんですが、それで体調が狂っちゃったんですな。ですから、今日はあまり調子が良くない。

金沢は、一緒に伝統工藝展の審査したりする知り合いの先生方がいろいろおいでになります。ですから、何かあるとすぐに声を掛けてくださいます。で、今回はロータリーとか医師会とか、そういうところの集まりで話をせい、ということになりました。なんかまぁ、有田の、といいますか、やきものの、といいますか、布教活動みたいなことをやっとるわけですな。

やきものなんかについてはお医者さんあたりが実に熱心に話を聞いてくださるんですね。医師会などの大会がありますと、医者仲間でする話とは違う雰囲気の話を聞きたくなるんでしょう、きっと。医者同士で二日も三日も難しい話をやっとると、それとはまったく関係のない話を聞きたくなるんじゃないでしょうかね。ちょっと一服、という感じで私どもの話を聞いてくださるんでしょう。

そういう場所に呼ばれていって話をするのは気が楽とはいいませんが、美術関係の人たちに話すよりはこっちもずっと気は楽ですよ。でもまあ、そのために本来の仕事の時間が少なくなってしまうのは同じですけどね。これも役割、役目と考えれば仕方のないことなんでしょうな。

とにかく、私に残されている時間というものがだんだん少なくなってきているということが実感できるようになってまいりました。ですから、やれるだけのこと、できるだけのことはいまやっとかんといかんのだろうと思っとります。

名前	生年月日	死亡年月日	没年	備考
酒井田円西	一五七四(天正二)年八月二日	一六五一(慶安四)年六月二十四日	七十八歳	
初代酒井田柿右衛門	一五九六(文禄五)年九月二十五日	一六六六(寛文六)年六月十九日	七十一歳	初名　喜三右衛門
二代酒井田柿右衛門	一六二〇(元和六)年十一月四日	一六六一(寛文元)年七月二十七日	四十二歳	初代の第一子
三代酒井田柿右衛門	一六二二(元和八)年十二月十七日	一六七二(寛文十二)年十月十四日	五十一歳	初代の第二子
四代酒井田柿右衛門	一六四一(寛永十八)年四月五日	一六七九(延宝七)年八月十五日	三十九歳	
五代酒井田柿右衛門	一六六〇(万治三)年九月一日	一六九一(元禄四)年七月三日	三十二歳	
六代酒井田柿右衛門	一六九〇(元禄三)年十二月十日	一七三五(享保二十)年五月三日	四十六歳	叔父渋右衛門の後見によって家名を継ぐ
七代酒井田柿右衛門	一七一一(宝永八)年二月十五日	一七六四(宝暦十四)年二月二十六日	五十四歳	
八代酒井田柿右衛門	一七三四(享保十九)年十月八日	一七八一(安永十)年三月十日	四十八歳	
九代酒井田柿右衛門	一七七六(安永五)年五月十六日	一八三六(天保七)年正月二日	六十一歳	八代の弟実右衛門という名工が後見をして、成長の後まで補佐する
十代酒井田柿右衛門	一八〇五(文化二)年八月一日	一八六〇(安政七)年三月十日	五十六歳	
十一代酒井田柿右衛門	一八四五(弘化二)年八月一日	一九一七(大正六)年二月八日	七十三歳	初名　渋之助
十二代酒井田柿右衛門	一八七八(明治十一)年九月九日	一九六三(昭和三十八)年三月七日	八十四歳	初名　正次
十三代酒井田柿右衛門	一九〇六(明治三十九)年九月二十日	一九八二(昭和五十七)年七月三日	七十五歳	初名　渋雄
十四代酒井田柿右衛門	一九三四(昭和九)年八月二十四日	二〇一三(平成二十五)年六月十五日	七十八歳	初名　正

歴代柿右衛門一覧(14 代まで)

「柿右衛門様式の研究」

えーと、話は変わります。九産大（九州産業大学）がやった「柿右衛門様式の研究」というのがさきごろ一段落つきました。これは「21世紀COE（center of Excellence）プログラム」というのに九産大の「柿右衛門様式陶芸研究センタープログラム」が文科省から選ばれてはじまったプロジェクトなんです。

「21世紀COE」というのは、「文部科学省が行う事業で、第三者評価に基づく競争原理により、国公立大学を通じて、学問分野別に世界的な拠点の形成を重点的に支援し、国際競争力のある世界最高水準の大学づくりを推進するものであり、各大学の個性や特色に応じ、各学問分野の世界的な拠点が形成されるとともに、各大学が全学的視野に立って戦略的な教育体制の構築に取り組むなど、大学全体の活性化につながることが期待されるもの」だと、なんだか難しいことが書かれておる研究なんですな。

で、文科省が五年間（二〇〇四年―〇八年）で数億円という予算をだし、九産大のプロジェクトが柿右衛門様式について調査・研究したわけです。主としてオランダ貿易なんですが、世界中の貿易関係の追跡調査とか、美術館、博物館にでているやきもの（柿右衛門様式）の調査をしたんですね。サザビーズとかクリスティーズというような骨董品というんかオークション屋というんか、そこのロンドンの代表にお願いして、個人でお持ちになっている柿右衛門様式の追跡調査なんかもやりました。

ですから、「ヨーロッパ中」といってもいいくらい広い範囲で、お見せいただけるものはこの機会に全部見せてもらおうじゃないかっていうことになりました。そうしますと、美術館とか博物館なんかにはでていない、めずらしいものや素晴らしいものが結構ありましたね。もちろん、お見せできませんっていわれて残念ながら見られないものもありましたけど、ほとんどは快くお見せいただけました。

十数人のチームを組んでの調査だったんですが、たとえばオランダ貿易ということになりますと、オランダの古語を読める日本の学者が必要になります。ですから、そういう先生にお力をお借りせないかんのですね。オランダの古い資料、文献が読めんとどうしようもないですから。そういう先生をはじめ、大学に籍を置いとらんような専門分野の先生たちにも参加していただいたんですよ。

私がいうのもなんですが、そうやって改めて調べてみますと、やっぱり柿右衛門様式というのはすごいですね。東京芸大をはじめとする国立大学や有名美大を抑えて、一地方の名も知れんような九産大がやる柿右衛門様式の調査・研究に文科省は何億もの予算を付けるんですから。その成果である膨大な資料はいま九産大と文科省に大切に保管されとるわけです。また、それらの成果である論文や資料なんかは学生諸君の勉強、研究の糧になるわけですな、今後ずっと。

このプロジェクトの成果のひとつはいまいいました柿右衛門様式についてですが、もうひとつの大きな成果は、有田の歴史ちゅーもんをきちっとさせたということです。有田のやきものの歴史研究を大いに前進させたちゅーことです。完全とはいわんですが、一歩も二歩も前進させたということはできるんじゃないでしょうか。

有田でも資料見る機会を作りたい

しかしまあ、九産大に行きますと、このプロジェクトの膨大な資料がございますので、申し込めばどなたでも見せてもらえると思います。ところが、驚くことに生産地である当の有田の人たちがこういうプロジェクトの存在というものをほとんど知らんのです。

博多のデパートで特別に部屋をお借りしてこのプロジェクトの展示会のようなことをしましたので、そのとき有田のほうの方もちらほらご覧になりました。そして、みなさん

「こんなことをやっておられたんですか」ということをおっしゃるんです。

それで、これを是非有田のほうでも展示してみせていただけませんかという希望もでてきました。私としては本当は有田の人たちにこそ見ていただきたいわけなんです。このプロジェクトのそもそもということをいいますと、「有田焼と柿右衛門様式の研究」というようなことで文科省に応募しとるわけですからね。

ところが、いざ応募してみますと、文科省の方がそれではあまり焦点がぼやけとるんで、研究の焦点がぼやけんように「柿右衛門様式の研究」というようにシンプルな研究目標に絞ってはどうかというアドバイスがありました。それで「柿右衛門様式の研究」と表題を絞りました。「柿右衛門様式の研究」をするとはいっても、結局のところは有田焼、有田の歴史を研究するのと同じことにならざるを得んのですから、私としては研究のそういう表題に反対はしませんでした。

細かい事情を知らん有田のみなさんたちは、なにか私が勝手なことをしとると思われているかもしれません。しかし、そういう事情があったことと私の気持ちの多くは有田焼の研究、有田の歴史の研究のお役に立ちたいということだったんです。ですから、研究の目標にはなんの異存もなかったわけですよ。そういうことだから、有田でこのプロジェクトの成果を見る機会を是非とも作りたいと考えとるんです。これは実現させないかんです。

九谷焼有田焼「論争」への私見

あとでも少し詳しく私の考えを申し上げますけど、聞かれたから話しますが、九谷焼と有田焼についての「論争」の話もちっとはしとかないかんですね。

簡単にいいますと、古九谷と称されるやきものの発祥地が九谷（石川県・加賀前田藩）であったのか有田（佐賀県・肥後鍋島藩）であったのかという長い長い「論争」の問題なんですね、これは。研究者でも学者でもない私ですが、この際、やっぱり私なりにちっとは触れとかんといかんことなんでしょうな。

先だって石川県に数日間行ってきた話をしましたけど、石川県に行ってきたということも、ここで九谷・有田の問題についてしゃべっておいてもいいだろうという動機になっとることはたしかですね。

しかし、私なんかがこうした件についてあんまり喋るといかんのでしょうな。火に油を注ぐことになりゃせんかと心配しとるわけです。でもまあ、この前、その石川に行ったときにちょっと喋ったんですけれども、「古九谷は百パーセント有田です！」というようにはどうしても私の口からはいえんのですよ。

ところが、私は有田の人間ですから、大声で「違うとります！」ともいえんのですな（笑）。なかなか難しい立場なんであります。

鍋島っていうのは、簡単に申しますと古伊万里―柿右衛門と繋がるんでしょうね。江戸時代の山あいの小さな村で、職人だってそんなに大勢いたわけでもないのに、三種類ものやきものが焼けたのかなと思いますね。正直いって、有田で古伊万里・柿右衛門・古九谷と三種類ものやきものが焼けただろうか？　と私は思います。

いまの私はこの近辺でそこまでのことがやれたんかなーと正直思うとるんですよ。やれたか、やったか、材料からなんから全部そろえて分析すれば、コトはハッキリするんじゃないでしょうか。ＤＮＡ鑑定じゃありませんが、科学的に分析すればハッキリしたことがわかるでしょう。

ですから、私としてはもっと高い高いところからゆっくり事態を見て下さいよ、といいたいわけです。九谷と有田は、いってみれば方言の違いのようなもんじゃないでしょうか。デザインというのは人によってそれぞれ違う。これは間違いありません。しかし、色のつくり方なんかには疑問もあります。無理して特別に調合すればやれんことはないでしょう。

しかし……。

有田の窯の発掘調査は少し急ぎすぎたかもしれんというような感想を私はもちますね。ですから、有田の古窯の発掘調査というものをもう一回というか、もっと深いところからやっとればよかったというふうにも思います。まあ、あれは発掘当時のひとつの流れ、ひとつの歴史的な限界だったというふうに、いまは考える他ありませんがね。

いずれにしろ、この問題は歴史の問題として時期がくれば落ち着くところに落ち着くでしょう。また、そうでなければいかんのだろうと思います。答えになっとるかどうか、それが今日の私の考えでありますね。

職人のなかへ

私の息子の代、十五代の時代にもこういうような問題は引き継がれてまいりますね。いろいろ……。

私が十四代として柿右衛門（窯）を継いだ（一九八二年）のは四十八歳か四十九歳のときでした。その歳のころに私はもう職人さんたちのなかに入り込んでしまってましたね。十二代さんにはなんじゃかんじゃいわれて絵具のことをやっとった。ですから、十四代を襲名したらどうしようなんていう心配のようなもんは私には全然なかったんです。

息子を見とりますと、まーだまだ、まだ職人さんのなかに入りきっとらんという感じがするんですなぁ。まだ自分のスタンスだけしか考えとらんでやっとる。柿右衛門窯の職人のひとりとしてキチッとはまり込んどればいいんでしょうけど、自分の感性ちゅうか、「自分」というものがまだ自分にぶら下がっとると思うんですよ。本人じゃないんでいろいろいえますが、まあ、みんな一緒なんでしょうかなぁ（笑）。

しかし、もう一から十まで仕事でやるべきことはどんなことかはわかっているんですから、あとは自分なりのやり方がわかればいいわけです。デザインにしてもなんにしても、どういうものがうちのデザインなのかがわかればいい。それがわからんといかんのですね。それが分かったうえで自分のデザインがどうなのかということになります。窯と自分という二つの接点が十五代予定者の浩くんにはまだ見えとらんのじゃないかと私は思うんです。その接点がねぇ……。

柿右衛門様式ということのなかでの個性っていうのはいいんですよ。それは許される。初代から十五代まで人間が違うんですから、いやでもそこに個性が表現されるわけですからね。矛盾しとると思われるかもしれませんが、そこに個性がなければとんでもないものを作ったり描いたりするっちゅうことにもなりかねません。ですから、いい方は難しいですが、ある程度のことはなんでも自分でやっとらんとその違いがわからんのですよ。

ただ、個性と窯の仕事はここが違うっていう流れのなかに、十五代予定者である浩くんはまだ入っとらんような気がしますね。まあ、自分のものをまだまとめきってないんじゃないでしょうか。といって、柿右衛門様式でもない。自分の個性も、柿右衛門様式も彼のなかからはまだまだでてきとらんように思うんですな。そこの繫ぎがいま少しできとらんのですよ、浩くんは……。

本人は「いま、そこのところでちょっと悩み中ってところです」なんていっとりますけど。「どっちかっていうと、ロクロの方が好きです」ともいうとるようですから、十三代の血を継いどるかもしれません。まあ、いずれにしても、職人の真んなかに自分というものの存在感がないといかんのです。どこか違う窯からやってきた人がうちの窯の仕事と違うようなことをやっとる、職人からみてそういう感じになったら駄目ですな。

私は、息子にはやっぱり職人であって欲しいと思っとるんですよ。ですから、作家なんか目ざすな、というとるんですけどね。うちの窯というのは、まずそういうことをきちんとやっとかんといかんのです。自分ひとりだけでどうこうできるというような窯じゃないんですから。

職人のひとりとして職人のなかに溶け込め、というのが浩くんのいまの段階でありまして、相談ごとでもなんでも自分でだいたいこなせるようになるまでは職人のなかでもまれないかんと思います。

うちの窯にもいろいろ難しい問題が山積しとると思いますよ。しかし、浩くんが十五代になったときにいちばん大切なことは、やっぱり職人との一体感です。クスリ（釉薬）でも絵の具でも、窯（焼くこと）でも、相談、打ち合わせ……なんでも工場のみなさんと一言、二言で済ませられるようでなければいかんのです。工場のみなさんと一言、二言で用が済む、なんでもできる、そうなれるといいんですけどねぇ。

伝統を継承していくことの難しさ

息子は、いまはもう原料その他のことをひとつずつ、自分でわかるようにやるということからやらんといかんのでしょうね。ものを作るっていう以前の問題でありまして、いろいろ調達なんかも全部自分なりにわかって、そういうことを職人にも他人にも話せる状態にあれ、と私はいうとるんです。

絵の具とかなんとかはそこそこやってるんで、ある程度のことはわかってるんでしょう。しかし、全部できるようになるといい。できるっていっても、問題はそのつどそのつどでてくるわけですから、これだけ覚えていてこれをやればなんでもちゃんとできるっていうことではないんです。だから、大局を見るといいますかね、大局観ですかね。基本的なことが全部わかっとればいいわけです。あと問題はデザイン。これがうちの窯のスタンスの中でわかるようになればいいんです。

作家先生のように自分ひとりだけで仕事をやるんだったら簡単でいいです。伝統も様式も関係なく、勝手にできるわけですからね。息子にはそれをやるなっていうことじゃないんですけど、それはそれでおおいにやればいい。でも、柿右衛門様式ってのはこれ、自分自身の作品はこれっていう分かれ道っていうか、区別というか、それができてくるようにならなければいかん。

いまの世の中、作家というか展覧会っていうんか、そういうものが氾濫しとるもんですから、ボケっとしとるとそっちの方に引っ張り込まれるわけですよ。私なんかもそうだったと思います。「なんで展覧会にださんのですか」とか、「作家になれ」というような周りからの声が多かったんですよ。なってもいいんですけど、柿右衛門様式の世界は柿右衛門様式の世界なりに膨大な深さと広さがあるわけです。

伝統や様式を継承していくというのは、思うほど簡単じゃありません。柿右衛門様式の広さ、深さ、それをどう継承させるかってことだけでも、これはこれで大変難しい仕事なんですよ。そういう継承の仕事が自分の個性とか感性につながっとれば、それがいちばんいいんですけどね。

作家になるか、職人になるか

世の中の流れに沿って、「はい、そうですか」っていって、展覧会なんかのために一生懸命作品作ってます、なんていうとる場合じゃなかったわけですよ、私の場合は。だから息子にはそんなバカバカしいことはやめとけって私はいうんです。一人前になればできるんですよ、なんでも。それがまだ一人前じゃないのに作品を作るとなると、どうすれば自分のものになるのか、どんなふうに触るとここの様式に沿っていくのかっていう、その辺がメチャクチャになる。だから、あまりあわてんようにいうとるんです。

浩くんには自分の作品を作りあげるような実力がいまあるわけないと私は思っているんです、ちょっと厳しくいえばですね。展覧会にだして入選したりなんかするなんてことは、そんなことはまだまだ先のことでいいんです。そっちにのってしまうと、浩くんは柿右衛門窯の第十五代じゃなくて、単なるひとりの作家になってしまいます。そうなるなら、「どっかよそへ行って自分ひとりで仕事をしろよ」っていうふうな感じに私はなってきてしまう。

あの〜、よそのみなさんと息子の浩が置かれている立場が違うという面がそこんとこにあるんです。作家になるヒマなんかありませんよ、息子には。私もそういうふうに教育されてきましたんでよくわかるんです。

終戦後一九五〇〜六〇年ってのは、私たちが職人を粗末にした時代でございましたね。いまようやくあちこちでそういうことに対する反省の声がでてきているんですけれども、そういうときだからこそ、息子には作家先生になるのか「窯のオヤジ」になるのかハッキリしろ、どっちが大事なのかハッキリしろ、といいたいわけです。

作家になるというなら、ここからでて行ってくれ！　ここを継ぎたいというなら、職人としての修業だけやっとけ！　と私は息子に口を酸っぱくしていうとる。まぁ、そのへんが本人のなかでもまだごちゃごちゃしてるんじゃないですか。今年はじめて伝統工藝展かなにかに出品したようですけど、入選なんかするはずないですよ。ハハハ……

浩くんの作はどっから見ても中途半端なんです。で、その原因はいまいったようなことにあると思うんです。自分自身の作品のようでもあるし、ここの窯のここの作品（柿右衛門様式）でもあるというか、ハッキリしてない。私なんか若いころはもうちょっと良かったと思うんですけどね。ハハハ……。

よそさまのことだったらいいんですけど、ここはよそさまとはちょっと違っとる窯なんです。さきほどから何度もいうとりますが、どこの産地でも同じようですけど、有田は職人のいない産地になってしまいつつあるんですよ。そういうときに、職人の集団を切り回していくには自分が率先して職人であることを示さんとならんのですね。このことはだれが考えてもハッキリしとると思うんです。ちゃんとスジを通しながら自分の世界をチラっとだす。そのくらいの作品に仕上げて展覧会に出品してみようかな、というようなことだったらいい。

しかし、窯を離れて、というのがすべてになると作家としての修業になるわけですから、いまのように釉薬をガチャガチャやったりする必要なんてなくなるんですな。審査の先生方だって、そんなことといちいちいう人はいません。どんな色使おうと、窯の仕事と自分個人の仕事をハッキリわけて作れるようになったら、それがいちばんいいんですよ。個人として、まったく柿右衛門様式でないようなものが作れるならね。

ここの窯にいながらそういう作品を作ったっていいわけですよ、できるなら。でも、その区別もつかんままガチャガチャならんようにしてほしいと私は思うとるんです。柿右衛門様式という伝統を継承する者のひとりとしては、そう望まざるをえんのですよ、息子には。そうしたら浩くんは花を咲かせることができます。いまは、「出品作品を一生懸命やってます」なんてことは、やってても人さまにいったらいかんぞといいたいですね。

仕事がちゃんとできるようになると、手本になるようなデザインなんて私のところには山ほどあるわけです。なんかちょっと新しいものを作ろうと思ったら、この窯におればおのずからできると思うんですよ。基本をやっときさえすれば大丈夫なんです。最初から自分ひとりでゴソゴソやっとると、むしろやりにくくなる可能性がある。

日本工藝展の問題点

作家になれ、作品をだせという声ばっかり聞かされてきましたから、それに私はいちばんイライラしとったんですな。なにしろ、自分のことなんですから。個展もしません展覧会にも作品をだしませんっていままで私やってきてるんだったら、またちょっと違ってきたのかもしれません。でも、そうやって二足のワラジを履いてこなかったら窯も勢いがなくなったかもしれません。一人二役みたいなことを私はしてきてしまいました。

その反省から、息子には職人としての構えだけは持ってないとダメだということをいいたいわけです。私たち親子は江戸時代からの伝統というものを全部背負ってるわけですから、職人技ができないでなにが作家ですか、というふうになるわけです。

たしかに伝統工藝展というものを内側からよく見てると、矛盾点がいっぱいあるんです。何が伝統工藝ですかっていうのが堂々と入選する。そういうものでも賞を取るじゃないですか。ちーっと変ですよね。

若い三十歳かそこらで一人前の作家さんですよ。先生ですよ。そういうのを見とると、なぜなのかな～、ということは思いますね。他の展覧会だったらいいですよ。私もずいぶん長くお世話になってきましたんで悪口をいうわけじゃないですが、日本工藝会っていうのは、いちばん最初に伝統を守れということでないといけません。それから技術を学びなさい、ということですね。

技術でものを作ればいいですけど、若い人たちはまだ一人前じゃないのにどんどんそういうふうにして入選を重ねていく。これはなぜだろうと思うんですよ。日展系とかなんとかそっちの方の展覧会だったら、またちょっと話は違うかもしれません。けれども日本工藝会の展覧会は他の展覧会と違ってないといけません。

そういう矛盾が重なって、だんだんこう行きづまってきてるような時代になってきてると私は思うんですがね。そんな古臭いことばっかりいうとらんで、というふうな評論家の先生もいっぱいいらっしゃいますけど、「技術を学べ」という意味は、技術を並べて出品しろということじゃないんです。技術っていうのを身につけんことには、いくら新しいものの作っても新しくならんということをいいたいんです。

技術がないと伝統も継承できんし新しくもならん。もちろんだれだって伝統工藝展に出品していいんです。でも、技術がともなってない作が多い。だからおかしい、と私はいうとるわけです。技術を展覧会にだすわけじゃないとはいってもですよ。

最先端の新しいもの作っていいんです。けど、後ろから見るとその技術がない。それでいろいろ批判をするわけです。審査する方も、そういうところを見るっていうのか、審査をするのでないと意味がありませんね。

具体的にいうと問題ありますけど、そういう眼の審査員がいないのかもしれません。上《うわ》っ面《つら》、見た目がよければいいじゃないんですかって丸をつけてしまうような審査では駄目です。どこの土か、どこの石か、どういう手さばきか、よくよく見んといけません。絵も、なんか変なのついてるようなメチャクチャな作品なのに入選してしまう。それはちょっとおかしいんじゃないですか、と申し上げたいんですね。

体が柿右衛門にならんと……

私どもの窯というのは、何度も言うようにやっぱり技術を身につけた職人仕事であるということが大事で、それが基本、大前提でございます。柿右衛門窯は作品を作る窯じゃないんです。ハッキリ申し上げますけど、作品を作るような窯でないようにとおおせつかって預かってる窯です。ですから、しょっちゅう私がいってきたように、展覧会なんかにだす必要ないんですな。

しかし、浩くんは今年出品しとるんですよ。だせだせってみんないうわけで、自分の作品をだすのは良いことなんですけど、だせるようなとこまでまだいってないんじゃないですか、と私は息子にいいたいんです。本人も「まだちょっと完成度が低いかなー」っていう感じだといっとりますからね（笑）。取りあえずだしてみようかっていう感じなんですかねぇ。だしていくうちによくなっていくかな〜っていう、そういう感じなんでしょうな。

本人がこの窯にハッキリ立っておれば、展覧会にでもなんでもだしていい。窯ではまた違う仕事してますというふうにきちっとわかってればね。「作りたいものができてだす」っていうのがいいんでしょうけど、「とりあえずだしてみて、ちょっと刺激をもらって、ちょっと勉強させてもらって、いいものつくっていける起爆剤みたいになればいい。もう四十すぎたんで今年はだしてみようかっていう感じです」なんていっとるようでは心もとないんです。まあ、時代の流れだから出品するのはしょうがないとは思いますけど。

みんなわかってるようでわかってないんですな。たとえば、昔のものをいろいろ模写するとわかりますよ。昔の人たちは決していい加減になんか描いてません。相当なんだかんだやってでき上がっていることが、よく見るとわかります。初期のでもなんでもそうですよ。ですから、昔のものから学ぶことは実に多いんですね。

盗むのも大切な仕事なんです。柿右衛門様式の技術のツボ、たとえば高台《こうだい》のことでもいい。あとでまた高台のことは詳しく話しますが、ここが柿右衛門だっていう、そういうなにかをつかまえたっていう感じがなけりゃいかん。それから、言葉で説明するんじゃなくて体で伝えるっていうことですかね。

ここは右曲がって左ですっていうような、そういう説明になったら他人にはきっと伝わらないんだと思いますよ。なにかその……空気を伝えるというんでしょうか、空気で伝えるっていうことが必要なんです。つまり、技術が肉体化しないと伝わらん、体が柿右衛門にならないと柿右衛門様式は伝わらんかもしれんのですよ。

絵の具なんか気にせずやっていた十三代

私たち親子が一緒にお酒飲んだりとかは全然ないですね、へへへ……。私たちは親子ですけど、全然違うとこにいますな。普通の親子関係とはちょっと違うのかもしれません。十三代と私ともそういう一般的な親子関係ではなかったと思います。だいたいうちはそういう家系かもしれませんなぁ（笑）。

13代柿右衛門（提供＝柿右衛門窯）

親父もうちではまったく酒を飲みませんでした。むしろ私より中島（宏＝現在、人間国宝）の方が十三代と一緒に飲んだんじゃないんですかなぁ。十三代さんがうちで酒飲んでるのは見たがことがありません。正月くらいだったでしょうね、酒飲んどるのを見たのは。

それから、親父のことをもう少しいいますと、さきほどもいいましたように、十三代の絵はたしかにどこかおかしいんです（笑）。それを絵描き座のほうでちょっと直してました。でも、どこかおかしいその十三代の絵が魅力的なんですね。大きい絵です。配り具合の大きい、いい絵です。ですから十二代と十三代と十四代って、それぞれよく判別がつくっていわれますけど、それが柿右衛門様式の中における個性ちゅうもんなんでしょうな。様式のなかにある個性、ですかね。

絵の具のことなんかまったく興味なかったですもんね、十三代さんは。で、興味なかったっていうより、やらないですんだと言ったほうがいいかもしれません。それでもよかったんですよ。十二代も私もいたわけだから。みんなここの窯の中でやってたわけですからね。絵の具のことなんか気にせんと、十三代は気持ちよく仕事してたみたいです（笑）。

絵の具がなくなる恐ろしさ

そんなわけですから、十二代はひとりで絵の具について困ってました。そのころのことは絵の具の原料が全部新しく変わるころですからメモが残っとるんですね。十二代は化学的な絵具なんて一切いらんっていうんですな。私が、それじゃ絵の具ないじゃないですかというと、おまえが調合やり直せって。

そう十二代さんに命令されたことから私の絵の具へのこだわりがはじまっとるんです。いまも絵の具がなくなったそのころの恐ろしさを知っとるもんですからね。そういうおそろしさも私が絵の具にこだわる原因のひとつかもしれんと思います。

古鉄屋がなくなった、それで古鉄屋をやりはじめる、化学製品の綺麗な色がバンバンできた、そうなると十二代さんはそれが気に入らんのでなんとかしろといいだす。でも、十三代さんはそういうことはまったく知らないふりをしておるし（笑）、無関心ときとるわけですからね。

その当時、原料が違ってきたんであっちこっち絵の具屋さんを回ってお願いしたんですけれど、どこの絵の具屋も作ってくれない。有田にも基本的な絵の具はあるんです。しかし、十二代はどうしてもそういう絵の具が嫌なんですよ、化学製品の絵の具が。そういうことがいまだに私のなかでもつづいてます。

伝統を継承していくために

そのころやってた絵の具のガチャガチャがようやくなんか少しいま実ってきたのかな～と思いますですね。ずっと絵の具の原料に関して私も神経質になりすぎていたかもしれませんけれども。だから浩くんにもいうとるんです。古鉄をちゃんと自分なりに処理をして絵の具の一部加えるとか、どうかすると一からやってみるとかしてみなさいって。

そのへんを自分なりにわかりなさいというとるんです。そういうものを使って絵の具が作れます、というところまでいけばイザというときに心強い。これはやっぱり柿右衛門様式を継続していくためのひとつのポイントになりますんでね。それだけはしっかりやっとけというとるんです。

そういうわけですから、うちにはいま一応の備えはあるわけです。絵の具屋さんには申しわけないんですけど、絵の具がなくなっても、そこそこまでうちは大丈夫なんです。どうかしたときに、そういう蓄えがないと心細いですからね。ちょっとそういう古鉄なんかを入れるだけで絵の具の味が違ってくるんですよ。

もっともっと絵の具でもなんでも進化していくわけですから、それはそれとして進歩や進化を否定はしませんけど、自分なりにどっかで蓄えをしとかんと安心できないんでありまして、そういうことを知っとかんとやっぱり伝統は継承できんし、駄目ですね。

窯を継承するための仕事

赤絵窯を焚いてるころは絵の具を焼くのも簡単でした。しかし、いまの本窯でそれをやるとなるとなかなかちょっと温度がわからんもんですから難しいんですな。緑青とか鉄とか鉛とか、前にも話しましたが、そういうのを焼くのに赤絵窯の焚き終わった後の火のぬくもりで焼くわけですよ。あれは何度くらいだったのかちょっと見当つかんですけど、四〜五百度くらいだったんでしょうか。火がちょっと黒くなってからそこにこう絵の具の原料を入れてました。それで焼くんですよ。

そのへんは何回かやってるうちにわかる。自分でやればわかります。人に聞いてもわかりません。そんなことなんでやるんですかとみないうんですけどね。まあ、いろんなことがすぐ結果としてでるわけでもなんでもないんです。しかし、いっぱいあちこちに気を巡らしてそういうことをやっておけば、イザというときに対応できる。そういうことがまた柿右衛門様式を維持、継承していくなかでのひとつの仕事なんですね。その辺のスタンスっていうのはやっぱ広くとっとかんといけません。

有田には大きな責任がある

昔、有田は商人さんの町だったんですよ。窯元は小さなのがいっぱいあって、窯元は商人さんのいう通りにモノをつくってきたという歴史なんです。しかし、おそらく明治ぐらいまではそうじゃなかったと思います。昭和になったら、もう商人さんが有田の親分さんでございまして、窯元は商人さんのおっしゃる通りに作ればよかったという、そういう時代になりまして、そういう時代が今日までつづきました。そういう受け身の時代がずいぶん長かったんです。織物の世界もそうだし、伝統工藝の世界はみんなそういうことになっとると思います。

というのは、作るところは作るだけ、という分業が進んだということなんでしょう。そして、そういうシステムになって、それぞれが付加価値を付けたということもありますけどね。プラスの面がなかったとはいいませんが、商人さんの口にまかせてとんでもないことといって売られてきた時代が結構長くあったことは否定できんのです。

そういうことがいまは少なくなった。そうなると、生産地は作ることはできるんですけど売り方がわからない、ということになってしまったわけです。売るということが非常にへたくそなんですよ、生産地の人たちは。作ったものをただ並べて売るだけで客に声もかけない、ということになっとるんですからな。店に黙って座っとるだけ。お客さんに対して商品の歴史なり技術なり原材料なりについての説明もしない。ですから、お客さんはそういう知識もないまま品物を選んでしまうというようなことになっとる。

お客さんがとんでもないものを選んで買ったりしても黙っとる。結城とか大島紬、あのへんの織物の産地なんかでも同じだという話を聞きました。偽物っていうと失礼ですが、ただ結城が産地だっていうだけで中身が違っとってもお客さんはわからない。そういうものを結城紬として売っとったという話を聞いたことがあります。

有田も同じです。有田の窯で作ったというだけで、「有田焼です」といって売る。有田焼ってそれぐらいブランドなんですよ。だけど、なんにも有田らしさのないものでもブランドの力だけで売れてしまう。そういうわけですから、私たち有田の人間はお客さんに大事なものを届けてないんです。

時代なのかもしれませんけど、昔の思いも込めてお客さまに届けるというかたちをとらんとならんと思います。並べて「どうぞ」っていうだけではいかんのですな。

有田には大きな責任があるかもしれません。やきものっていうのはいろいろ種類があるわけでもないんですよ。普通の食器なんか、変なのばっかり有田で作って売られているようですけど、バっと売れたとしても明日はまたダメになると思うんですな。売り方がちょっとやっぱり不親切じゃないですかねー。

有田は名前だけじゃないぞ、ということを……

もちろん、そういう簡略化した売り方の業態というものもあっていいんですよ。けれども、昔からの窯元がそうだということになると、ちょっとやっぱり努力が足りないのかもしれないと思います。使うっていうのは、使う道具として非常にプラスがありますよ、というようなことをいろいろと説明することが必要なんです。そのあたりのことがまったく有田の商売に反映してない。それにはやはり作るほうの構え方、売る方の勉強の仕方っていうのがピタっとこんといかんのですね。有田としてそういうことが一体感をもつようにならんと有田はますますダメになるかもしれません。

やきものが好きなお客さんたちは、やきものについてよくご存知ですよ。しかし、知らんお客さんもおられる。特にやきものをあまりよく知らん若い方たちにむけてどうするかっていうことが大切ですよ。いまは百円ショップみたいなものがあって、それで間に合わせている人も多いんです。有田のやきものはそういうものとキチっとわけて売っていただきたいですね。

デパートに行っても、商品の売り場だけはきちんとありますが、だれもその商品のことについては知らんということがあります。店員さんに聞いても何にも知らんということがよくあるじゃないですか。

海外のものがよく売れてますっていうけど、チェルシーにしてもウェッジウッドにしてもマイセンにしても、デパートのいちばん良い場所をああいうものが占領しておるわけですね。あそこには、その専門の業者からの派遣社員が必ずいます。いろいろ聞くと、ちゃんと説明してくれる。

有田でそういうことやってるところはないんですね。うちもやらなきゃいかんじゃないかと思ってます。うちの社員がそこの売り場にいる、ということを考えにゃいかんと思います。

織物なんかも同じですよ。デパートの偉い人はもうほんとうに織物のことを知らないらしい。それで専門の派遣社員がデパートに常駐している。大島紬は大島紬専門のような担当者がデパートさんに常駐しておるんですね。売り場はもう卸屋さんが仕切っていて大島だけの担当者が三越さんなら三越さんに詰めている。お客さんがその人を見ても三越の人かどうかわかりません。その人は三越の人のように振る舞っているんですね。そうしないと商品の説明ができないんですな。

やきものも説明することが山ほどあるんですよ。それをうちなんかもやっていませんでした。そのことをいまちょっと反省してますけどね。売る売らんじゃなくて、お客様にやきものを知っていただく。柿右衛門窯を知っていただくということがちゃんとできてなかったわけです。

いちばん基本的なサービスを私たちはやってこなかった。これはちょっといかんですね。有田のやきものの味や香りを売場でもお伝えできるようにせんといかんです。そうすれば商品や有田の宣伝にもなりますし、勉強になられるお客さんもいっぱいいらっしゃるはずです。

それだけの宝の山をわれわれはもっておるわけです。もったいないといったらおかしいですが、いまのままではお客さんに不親切みたいな感じがします。有田は名前だけじゃないぞ、というところをお客さんや世の中にもっともっと見せにゃいかんのですよ。

第三章

愛しい有田へ！

有田泉山（撮影＝和多田進）

自作を語る

話のとっかかりとして、自分の作品について話ながらやきものの現状と将来について考えてみましょうか。

錦　草花地文花瓶（提供＝柿右衛門窯）

それにしても、自分の作ったものを観て、それを改めて批評するっていうのは不思議な気分のものですねぇ。いままでこんなことしたことありませんから……。

でもまぁ、これ（錦 草花地文花瓶）なんか、いま観るとなにか物足りんですねぇ。んー、絵は麦ですけど、もう三十年ぐらい前の作品でしょうか。私が十四代を襲名するちょっと前ぐらいなのかなぁ、これは。そのころの作品と思いますが、作った正確な年は調べればわかります。いますぐはわかりません。

これはねぇ、んー、線がね〜、乱雑ですなあ、ふふふ……。いいのか悪いのか。まあ、これぐらいの絵ですと、線描きっていうのは少し誇張せないけませんので、強い線で描いてます。正《まさし》の時代のもんですから、売り物としてはそんなにだしてないと思いますけど。それでも、少しはだしてたのかなぁ。まあ、濁手じゃありません。石はごく普通の、天草の石です。窯で使ってる石と一緒、同じ生地ですね。

麦の絵はね、数年前にひとつ壁に描いたことがあったと思うんですが、正のこのとき以来、麦は描いとらんですね、きっと。麦と似てるというか、よく間違う人がおられる蓼《たで》はいくつか描いてますけど、麦は描いとらんと思いますね。

いまこうしてこれを見ますと、未熟っていう以前の問題ですよ、ハハハ……。さっきいいましたように、線を強く描いてますけれども、どうしてここまで線を強くしたんですかねぇ。強い線の絵が少ないもんで、わざと強く描こうと思ったんでしょう、おそらく。強い線、強い線、という意識が先走っとるような感じですものねぇ、いま見ますと。

このころはもう自分勝手に、好きなようにやっとりましたから、ある意味では最近のものよりのびのびしとるのは間違いないです。売り物にする気もない、個展にだすわけでもない、お客様にお見せするわけでもない、ただ自由に、自分で勝手に描いているっていうような感じの時代のものですね。

修行時代っていえば格好いいですが、好きなように描いてた、そういう時代のものですな、この麦の絵は。

濁手　紅葉文花瓶(提供＝柿右衛門窯)

柿右衛門様式の入口あたりだったころ

これ（濁手 紅葉文花瓶）はいつごろのもんかなあ。はじめての個展は三越さんでやらせてもらったんですが、そのころのものかもしれませんね。いつのものかっていうはっきり記憶がないんですよ。

いつどこでどういうつもりで描いたのかなぁ……。

いっぱいスケッチをやってたころのことを思いだして、それをちょっと嵌めてみたっちゅうだけの感じですなぁ、これは。

スケッチしたのを勝手に嵌め込んどるだけで、ととのえようとしとらんですもんね。べタっとしとって。嵌っとらんとはいいませんけど……。いまだったらもっと変なふうに小細工するんでしょうけど、そういうことはしとらんですもんね。

展覧会のために作ったのか売り物としてやったのか、自分勝手にただ創っただけなのか、そのあたりの記憶がはっきりせんですね、これも。でも、これはやっぱり個展とか売るために作ったという感じじゃないですねぇ。

このころの線描きは、みんなこんな感じなんですなぁ。これ（錦栗文花瓶 八一ページ）なんかの線描きも強いでしょ、黒い線が。これだけ黒の線描きを強く描いているっていうのは、いまでは考えられんですね。黒の線描きがこれだけ強くなると絵の具が弱く見えるわけですね。まぁ、絵の具の方はいいんですが、線だけが見えてしまうということになります。

しかし、全体としてこの絵を見ると、あたりまえのこととといえないこともない。まぁ、柿右衛門様式の入口あたりに立っていたんでしょうからねぇ、このころは。

そういうわけですから、この作品にはまだ本当の柿右衛門らしさっていうのはないですね。自分勝手に、自分の絵として描いているだけですね。でも、いま改めてこういうのを見ますと、いい面も悪い面もはっきり見えますよ。こんなに気持ちを集中して描くっていうことは、おそらくいまはありません。

石にしても絵の具にしても、原料とか材料は当時もいまも変わっとりませんので、そのころの私は「柿右衛門様式らしいものを作らにゃいかん」という意識がなかったのかもしれんです。そういう意識がでとりませんものねぇ、これらには。若かったっていうのでしょうか、柿右衛門様式の細い線っていうのをよう描ききらんかったのかもしれん。

錦　栗文花瓶（提供＝柿右衛門窯）

このぐらいぼてっと絵の具をのせると、そこからヒビが入って割れるんですよ。十二代、おじいちゃんがこれを見とったら、きっと「割れるから薄くしろ」っていったはずです。この青……、割れてないのかなぁ。絵の具を厚くかけると……。

あぁ、ここ、ここがちっと割れて、絵の具が取れてるかも。ここが……。

やっぱり少しだけど取れてますなぁ。ハハハハ……絵の具の濃ゆさなんてことが、あんまり頭に入っとらんかったんですよ、きっと。

絵の具の色はその都度微妙に変化する

江戸時代とか、むかしのものにはうんと絵の具の濃ゆいのがありますけど、いまのものにはありません。江戸時代のものは時間が経っても絵の具の色はぜんぜん変わらんのです。しかし、八百度前後の熱を加えると絵の具が溶けて流れだすことはあるかもしれんです。むかしのものの色がくすんでいるのは、あれは変色したんじゃなくて絵の具の調合が問題なんですね。

たとえば、一月に調合した絵の具と三月に調合した絵の具の色が微妙に違《ちご》うとるなんてしょっちゅうですからね。同じようなことをやっても必ず同じ色になるとはかぎらんのです。そのとき合わせるものによっても違ってきます。ガラス質の珪石《けいせき》とか、群青《ぐんじょう》とか、よもぎとか、ものによって違ってきますものね。

原料屋さんが作った時期によっても変わりますから、いっぺんテストをするんですよ、やきものの破片に塗って。それをゴリゴリした針金の大きなやつの先に付けておく。アゲテミっていうんですけどね。

そうやってテストして見ると「今度の原料はちっと違うぞ」っていうことに気づきます。それで使えるものに修正して、ととのえていくわけですよ。色は同じように見えても艶だとかなんだとか、表情ちゅーのは必ず少しずつ違ってきます。一匁二匁で量って調合するんですが、その都度訂正しなきゃいかんのです。色は一定せんのですよ。良い方向に変わっているのであれば一定せんということもひとつの味だといえるでしょうね。

ですから、絵の具というのは一年中、修正の繰り返しなんです。もう、繰り返しなんてもんじゃないほどの繰り返し。

たとえば、仕入れる緑青《ろくしょう》の原料は名古屋あたりから有田の絵の具屋さんにきて、それを私どもがいただくわけです。しかしですね、絵の具を作るいちばん大元のところでも、銅とか鉄とか鉛とか、そういうものが何年も何年も同じものであるというわけにはいきませんので、色はその都度微妙に変わってでてくるわけです。

それを調整するのはわれわれの努めなんですな。絵の具屋さんは一般的・平均的な色をだしてくるわけで、使うわれわれがちょっとした調整をしなきゃいかんのです。それを毎日とは言いませんが、その都度十二代さんはやってましたし、「正、お前やれ」といわれて十二代さんと私と二人でやっとった。

先月もらった絵の具の原料と今月のとはちょっと違うぞ、ということがわかればいいんですよね。赤絵窯に火を入れるたびにそのテストでした。

時代が色を変える

戦後、ちょうど私が絵の具に触るようになったころ、ほんとに逃げだしたくなるくらい原料が変わってきたんですよね。前にも話しましたが、昭和三十年以降でしょうか。それで十二代のおじいさんは頭を痛めておったんでしょう。名古屋の原料屋さんに十二代さんに何回か直接連れていかれましたね。そうしたら、「そんなむかしの原料材料はもうないんです」と名古屋の絵の具屋さんにいわれましたよ。科学的とはいわれなかったですけど、もう時代は変わったんですって。

そのころのメモ見ると、しょっちゅうなんか書いてありますすね。「派手すぎる」とか

「薄くダンだのに」とか。

ダンっちゅーのは塗るっちゅーことで、薄く塗ったのにどうして割れるのかっていう意味ですね、メモの意味は。十二代もそういうことを書いてるし、私も書いてます。

色の調整というのは、うちの窯の温度に原因がありますし絵の具にも原因がありますから、緑青なら緑青の量を減らしてみるとか違ったものを混ぜてみるとか、いろいろやってみるんですな。たとえば、ガラス質のものを鉛から作るとすれば、その絵の具の原料を入れてみる。それは有田にいまでもあるんですけどね。

どこの窯元さんもそうだったと思いますけど、どこが悪いっていうことはなかなかわかりませんしいう必要もない。要するに、時代の流れっていうのはいろんなモノやコトに変化をもたらすってことですね。その変化のなかで一定の色合いに保つというのが難しかったんです。

いまはもう、色を買ってきて使えばなんでも一定の色にでるんじゃないですか。むかしとは違うと思います。でも、うちの窯はうちの窯なりに調整してます。「少し緑青が足りんぞ」っていうたら、うちで作った緑青を少し混ぜるとか、「今回のやつはいいな」とか。

赤なんかはむかしもいまも変わりませんね。赤がいちばん難しい。原料の大元と使うところとの呼吸でしょうか。いまの技術は進んでますので、一定のものにキチっと作ってある。しかし、そのまま使うと少し薄すぎるとか、光りすぎる、艶がありすぎる、深みがでにくい……いろいろ問題があるわけです。

そういうとき、私たちが持っているものをちょっと混ぜたりして私たちの色に補正するわけです。混ぜすぎると黒っぽくなったりするんですが、これはひとことふたことではいえることではありませんな。微調整っていうのは使う前にやるべきであって、大元本体に対して文句をいうべきものではないかもしれんです。一般的には絵の具屋さんが納品してくれた色で十分通用するわけですから、あとは使う人の感性で自分流に調整していくっていうのは当たり前のことかもしれません。

思うようにいかない紫色

何十年もやってる職人だったら色の違いはすぐわかります。焼いてみるとわかります。慣れてくると、使ってるときになんか違和感を感じるかもしれません。しかし根本的には焼いてみないとわからない。ですから、柿右衛門の色をずうーっと保ちつづけるっていうことには大変な苦労がいるわけです。

しかし、それは人様にいうべきことじゃないんでしょう。作る方の責任っていうか、赤の色を守りつづけるということは、この窯にとっては当たり前のことなんですからね。

柿右衛門様式の色としても、他の窯の色との対比ということもあります。うちはこういう色であって欲しいという思いがそこにはあるんですよね。ですから、自分で調節できるものはする。調整を絵の具屋さんにお願いしてもいいんですけれども、お互いに守備範囲が違ってます。お互いの目標、目的っちゅーのに微妙な違いがございます。ですから、自分のところで、自分の窯で色の微調整ができるという、そこのところが非常に大切なんですね。

絵の具っていうのは、塗るときの濃ゆさ薄さでも色が変わってきます。あと、窯の温度です。だから、どこがどうっていうのはなかなかわからんのですよ。まっ、紫がいちばん良くでてるように見える作品がありますが、紫というのがなかなか思うような色にならんのです。見てると、非常に紫の色がいい、いま使いたいっていうような色になることもあるんですよ。私の麦の作品にも使ってますけどね。

麦の作では二種類の紫を使ってますね。薄いのと濃ゆいのと。でも、二度塗ってるんじゃないですよ。これは、ひとつ濃ゆい方をそのまま塗って。薄めた方はもうひとつの違う紫色なんです。他の色に目を奪われてこの紫になかなか眼がいかないっていわれる人がおられますが、実はそういうことになっとります。

薄い萌黄色、これも綺麗な色ですよね。でも、柿右衛門ではこの色はそんなに使いません。実際に見てもあんまりないです。茶ヨモギっていうのにこの色を混ぜてるんです。それで薄い萌黄色になる。キビですね。普通のキビ色は濃ゆい薄いですぐにできます。

赤絵窯の思い出

これ（錦 苺花文花瓶 八九ページ）はいつごろのかなー。いまこのぐらい濃ゆくやると怖いですよ。濃過ぎて割れるかもしれん。青磁みたいにシミがピッピーッて入るんですよ。ガラスが割れたようなことになりますね。なんていうんでしょうかね、絵の具の付き具合ですね。塗ったときはそんなんわかりませんので、怖いんですよ。江戸時代のものを見てもそういうのが結構ありますよ。パカンって色がとれてしまっているのが。

温度にはそんなに関係ないだろうと思います。ただ、あんまり温度を高くすると赤が黒くなったりしますね。窯の中でこれひとつだけ焼いてるわけじゃないもんだから、温度を変えていくと赤が変化するんです。濃ゆくなるっていうよりガザガザになります。表面だけが焼けたみたいになって、赤の艶がでません。

うちのむかしの赤絵窯はよく焼けました。いい加減に薪をくべてたように思うんですけど。アゲテミを窯の中に入れて、それをそっと窯からだして水につけてみるんです。薪はもうくべんでいいだろうっていうような判断といいますか、窯の火を止めるときの加減というのは、これはやっぱぽもう勘ですね。むかしの職人たちも、これでいいていう満足感はなかったんじゃないでしょうかね。窯の中にはいろんなものが入ってる。ひとつのやきものだけ焼いてるわけではないですから。

大きさも、形も、ある面では微妙なもんであるけれども、ある面では幅がある。だから、矛盾しているようですが、ちょっとしたことではそんなに変化は起きないんです。

錦　苺花文花瓶（提供＝柿右衛門窯）

ただ、マエガマっていいますが、赤絵窯ではまだ焼けてないのに火を止めるってのはいちばんダメなんですよ。窯の中のやきもの全部に艶がなくなったりします。焼き過ぎる方がまだいい。

私はよく焚かされました。中学生のころかなあ、高校生ぐらいになっていたですかねえ、「ちょっと窯見とけ」っていわれてね。火が上からでないぐらいに薪をくべとけばいいんですよ、赤絵窯ってのは。

窯の上が、ずうっと瓦を重ねたようになっておって、上に小さな穴があります。そこから火がバーバーバーバーでるんですよね。九谷の三代目徳田（八十吉＝二〇〇九年八月没。人間国宝）君とこなんか、まだ赤絵窯ありましたけどね。うちにあったのもああいう窯で、「上から炎が見えないぐらいに薪をくべろ」って私はいわれてました。

赤絵窯では方々から自然に火が噴きだしてました。窯にピシッと蓋をするんじゃなくて、炎を上に逃がしてやるんですね。炎はまっすぐ上がるんじゃなく、横になったりしとりました。平たい瓦みたいなものをずうっと積んで作った窯ですから、窯を横から見ると中が見えるんです。そういう窯の上の方から炎がでるくらいに薪をくべる。その炎が目安ですよ。

柿右衛門窯の赤絵窯跡（撮影＝和多田進）

それともうひとつはアゲテミで見る。まあその二つが頼りですよね。

窯焼き今昔

さっきもいいましたが、やきものっていうのは、なかなか厳密なところと微妙にイイカゲンといっていいような部分がありますので、その両方のバランスを見きわめることが大事なんです。

窯に薪を投げ入れるのもバランスよく投げ入れませんとね。人によってそれぞれ投げ入れるクセがあるんですよ。先の方ばっかり投げる、そういう性格の人。真ん中ばっかりに投げ入れるので窯の入口、手前の方にはぜんぜん薪がないような投げ方をするとか。本人は気をつけているつもりでもそれぞれクセがでてしまう。だから、どうかすると二人ぐらいで交代した方がいいんですね、薪を投げ入れるのは。

うちでは職人に薪を投げ入れる稽古をさせてます。窯に火が入ってないときに薪を投げ入れるんですな。入れてみて自分でたしかめろ、ということでね。どのへんにどのくらい自分の投げたのが散乱してるか、見るとよくわかりますから。

まあ、私も冗談、遊びでやったことはあるんですよ、本焼き窯の薪の投げ入れも（笑）。小さいころでしたが。そのころは決まった人が窯を焚くようになっていました。「窯焚きさん」といって、そのお弟子さんもいましたですね。「いつごろに窯入れます」ということでお願いしとったと思います。十二代の当時はうちの職人さんは窯焚きをあまりやってなかったと思います。窯焚き専門の人が有田の窯元を回っとったんです、その当時は。

いまは、うち窯のなかで窯焚きをする人間はある程度決まっとりますね。達者な若者三人ぐらいでやってます。一人や二人じゃちょっとキツいですからね。徹夜してやりますし、温度をどんどんあげていく時間帯を「攻め焚き」といいますが、それになると、しょっちゅう薪を窯に投げ入れんとかないかんですから、一人じゃやれません。窯焚きは四十時間ぐらいやるんですから、それは大変ですよ。

本焼き窯に薪を投げ入れる15代（撮影＝和田田進）

産地に根ざした基礎研究こそ

電気の窯、ガスの窯というものができて、いまは本当に楽になったんじゃないですかねぇ。電気やガスだと温度計見とけばいいんですから。留守番しとけばいいんです。でも、そうじゃなくて、うちの窯が薪にこだわる理由はやっぱりあるわけです。

普通の方はおわかりにならんかもしれんけど、薪と電気やガスではもうぜんぜん違います。ガスはやきものの地肌が少し派手になります。ガラス質に近いっていうかなぁ……。

ガス窯を使うのだっていろんな方法

があると思います。窯元さんによってそれぞれ工夫されてると思うんですけど、一般的にいうと、ガスの炎っていうのは荒いというか、強い感じがします。薪のようにしなやかじゃありません。素地がしっとりせんのです。どっちかっていうと綺麗になるわけです。薪を使って釜で炊いたご飯と電気釜のご飯みたいな違いがあるんかもしれんですね。

もう科学が進んでますので、もっともっと研究が進むと、本当にしっとりしたいい地肌に焼けるガス窯なんかができてくるんじゃないですかね。そうあってほしいですね。余計なことの研究なんかせんで、地元なり産地の窯業試験所なんかで絵の具や釉薬、窯や産地特有の石とか、基本的な素材に対する研究をしてくださったらいいと思うんですよ。

形がいいとか絵がいいとかっていう研究じゃなくて、産地ならではの基礎的な研究を将来にむけてきちっとやってほしいですね。日本の美しさを追求し、保てる窯業試験所の仕事をやってほしい。

あまりいうと怒られるかもしれませんけど、有田にも県営の窯業試験所っていうような研究所がありますよ。そういうところの役割は、伝統の美しさを研究するのはもちろんにしても、未来に向けての研究が非常に大切なことだと私は思いますね。有田らしい土味なり薬の味をちゃんと保てるような窯づくりであるとか、温度の調節であったりというようなこともやっぱり研究してほしいわけですよ。電気やガスで炊くご飯の研究だって相当のところまでいってるみたいですからねえ。

日本人の日本の工藝ということで考えますと、いまのままの研究態勢ではちょっとまずいですね。日本人の美意識っていうのはそりゃもう世界でもほうぼうで賞賛されてますので、産地としてはやっぱりその美意識というものを大事にしていかなくてはならんのです。有田だけじゃない。磁器だけでなく、土ものだってそうだと思います。日本の美しさを残すか、それに何かこう現代風の流れを加えつつ、わかりやすい研究機関であってほしい。窯業研究などがその代表として役割をはたさんといかんのじゃありませんかね。

この前ちょっとガス屋さんに笑い話でいったんですけど、やきものを焼く専用のガスを作ったらどうですかって。一般的なガスはどれも一緒だと思うんですが、やきものに適した本当の熱という次元の研究をどなたかなさらんのかなって。そこまでの必要はない、といわれればそれまでですけどね。

耐火煉瓦は薪窯には向かない

それはそれとして、山から木を切り落として薪にして窯まで届ける、そういう職人もいなくなりました。有田だけじゃないですよ、どこの窯元さんに行っても窯のそばに薪を置いていらっしゃいますが、あれは飾り物みたいになってる感じなんですな。もう二、三年前の薪が飾りとして積んであるんです。業者さんがいないんですよね。業者さんがおれば使う作家はいくらもいるだろうと思います。

それから、窯のことをいうと、煉瓦でしょうか。耐火煉瓦っていうのはガス窯には向いているのでしょうが薪窯には向いてないんです。温度が上がりすぎたり下がりすぎたりするのが窯です。効率のいい、熱をうまく使う窯に使うのが耐火煉瓦ですから、薪窯に使う煉瓦はちょっと違うんですよ。

こんなことというとなんかおかしな話ですけど、火を入れてやきものを焼いとると、煉瓦は熱を自分で吸収して真っ赤になっとるんですね。その余熱っていうのが、どうも窯の中を回転していく流れとして必要じゃないのかと思うのです。

ガス窯っていうのは炎の流れ方がスムーズにいきすぎるんですよ。うちの場合にかぎっていうと、煉瓦はいまの耐火煉瓦しかないもんだから、元々のを修理したり、一部をいまのもので補修したりしてあるだけなんです。窯本体には昔の煉瓦を使ってあったとしても、ある程度は新しいもんも使わななららんのです。仕方がないので新しいのを使ってみますと、熱の流れが昔の煉瓦のときと違ってきて面食らったことがありました。

いまの煉瓦は早く熱があがりますが、冷めるのも早い。ですから、薪をくべるタイミングがむかしと違ってきとります。まぁ、そういうことも最近少しわかってきてますけどね。うちの窯はおそらく江戸の末期ごろに作った窯だと思いますけど、そういう薪窯といまの煉瓦は違うんです。熱のあがりさがりのタイミングが新しい煉瓦と古い煉瓦ではずれちゃうんですな。

初代の柿右衛門ぐらいには日干し煉瓦みたいのがすでにありました。土の固まりみたいなもので、それをちょっと焼いただけのものです。だから、すぐボロボロ壊れるんですよ。ところが窯の中はよく焼けます。

最近ではむかしの窯の煉瓦を壁とか塀なんかにくっつけて飾り物にしとるとこが有田にもございます。むかしの煉瓦がなくなったんで、窯を補強するのに窯の内側に目土《メッチ》を塗るんですよ、土がボロボロして煉瓦が弱いんで。それがずうっと溜まってガラス状になったのが窯の内側にくっついてますけど、その味がいいってんで塀なんかに飾り物で使ったりします。焼け過ぎてガラス質になりツルンツルンしてます。綺麗なんです。

ドイツなんかも一緒ですね。窯は耐火煉瓦でしょう、現代のものですから。そんなに変化してなんかしない。日干し煉瓦だとすぐ壊れるもんですから、いろんな塗料を塗って目土をするんですけど、窯の内側全体に塗るんです。外はそのままですけどね。

神事だった窯焼き

窯の終わるころ（窯焚きが終わるころ）に、その日干しの煉瓦のツルンツルンになった固まりを一個か二個か焚き口から取りだすんです。とても煉瓦じゃないように見えるほど真っ赤になっとるんですけど、水のいっぱい入った水おけの中に窯から取りだした煉瓦ひとつをポンとつけると、ワァ〜って一瞬で水がお湯になるんです。

窯焚きの人は、そのお湯で体を洗うんです。窯が終わったとき、昔の窯焚さんたちはそうしとりましたね。あのお湯が身体にかかるとものすごく元気になるって窯焚きさんがよくいうとりました。それで身体を綺麗に清めて、パンパンと神様に手を打ってお参りをして、一献かたむけて窯焚きの仕事が終わるわけですな。

むかしの窯焚きさんはそういうふうにやってました。そのお湯がものすごく気持ちいいっちゅうんです。私はそのお湯で顔ぐらいしか洗ったことありませんけど（笑）、いつもその辺りで遊んでましたから、覚えてはいます。

そんな風景は私の中学生ぐらいまでのことでしたかなぁ。でも、工場《こうば》が私の遊び場でしたし、窯に火が入ってるときは、職工さんたちも寒いときなんかは自分の家のコタツの中にいるより「本家の窯が入ってる」っていうて、家にきよりましたね。「本家」っていうのは、みな近所の人ばっかりだから、私のところのことです。みんなして酒でも持ってきたり、鰯の干物でも持ってきて、窯焚きが終わったらそこで一杯やる。そういう感じでございました。

山には薪を干してあるんですよね。切った木を割って、綺麗に束ねる。薪二十〜三十本ぐらいの大きさの束ですかね。木を薪の大きさに割ったのをなんで山に置いとくかっていま考えると、早く乾くようにするためです。木を切って空き地になった山の一部分にダァーっと薪の束を置いてあるわけですよ、風通しのいいところに。それを竹の輪で括ってリヤカーか力車みたいなやつで、山の下に置いてあるオートバイまで運んでくるわけです。

私も山へよく行かされてました。竹の輪の中に詰めるのに、薪がちゃんと枯れてると軽いんですけど、湿気っとると重いんですよ（笑）。

山っていってもそんなにちゃんとした道なんかありません。道もなんにもない山の斜面ですから、みんなで行ってちゃんとした下の道まで薪の束をいくつも降ろさんといかんのです。そのころはリヤカーとかしかなかったんですからね。

最初はそうだったけど、私の子どものころにはうちに一台オート三輪車があって、それに積んだりしとりました。まぁ、私が十六歳、高校生でオートバイの免許を取りましたので、三輪車を山の近くまで運転していって、薪の束を運ぶ運転手やるわけですよ。

村会議員だった親父の送迎係

余談ですけど、おやじ（十三代）が村会議員してましたので、三輪車でおやじをあちこち送り迎えせんといかんようなことも多かった（笑）。村会が終わったら、議員さんたちが伊万里とか武雄、嬉野とかに飲みに行くんですよ。それの送り迎えですな、私の役目は。当時、私は高校生でしたね。昭和二十五年ぐらいから東京の学校に行くまでそんなことをしてたですね。

三輪車の荷台にみんな座り込んで、五人も八人も三輪車に乗ってですよね。いま考えれば道路交通法違反もいいところですな。この辺りはぜんぶバラス（砂利）道で、舗装した道なんでどこにもないわけですから、オート三輪に乗せられとる方も大変ですよ（笑）ガタガタしてですね。

私は伊万里高校に行っとりましたから、伊万里に同級生がいっぱいおったんで、おやじを待っとる間中退屈せんと遊んでおられたんですけど、おやじが武雄なんか行ったときは困りました。料理屋の玄関の脇のちょっと入ったとこあたりでお茶でも飲みながらおやじを待っとかなきゃいかんのです。宴会が終わるのをですね。しかし、考えてみたらそういうことも全部ひとつの修業だったんでしょうね。待っとるということだってですね。

おやじは村会議員さんですもんね。ですから、山を持っとる人とか、そういういろんな村の人たちの協力も相当あったんですよ。薪なんかもみんなそういう人たちの持ちものを頂戴していたんでしょうね。きっと、松の木だけ切っていいというような約束で。

そのころはそうでしたけど、その前は薪屋さんって呼ばれとった専門の業者さんがいっぱいおったんですよ。だんだんそういう薪屋さんっちゅう専門の仕事の人は少なくなっていきました。それで、うちの職人さんとか私なんかが切った木を山から降ろすようなことになっていました。山の木を薪にしてですね。

この窯の近くの山ですが、いまはかなり宅地ができとるんですが、むかしはこの上とかこの周辺はこんな宅地じゃやじゃなかったんです。ほとんどが山でした。それで、ここらへんに住んどる人たちは柿右衛門窯に働きにきとる人が多かった。私の知るかぎりでも最盛には二十名ぐらいいたと思います。でも、いまがいちばん工場は多い。その倍ぐらいになってますからね。だんだんうちの窯で働く人の数が増えてきとります。

でも、その当時でいえば二十名くらい働いている窯元なんていうのはそんなにめずらしくはなかったですよ。有田の方は普通の窯元さんはまあ、十名二十名だったでんでしょうけど、岩尾磁器さんとか深川香蘭社さんっていうような大手のとこには、百人二百人おられたんじゃないですかね。私の時代の話ですけど、それ以前はよくわかりません。

栗の思い出

この栗（錦 栗文鉢 一〇三ページ）の思い出は鮮明にありますね。いま大村っていいますが、近くに長崎の飛行場があるでしょう。あそこから山に登って、山の上をずっと行くと嬉野の方へ降りるんですよ。で、その上が台地のようになっておりまして、草原みたいなのがあるんです。そこを自衛隊が演習場に使ってました。自衛隊の管轄になっておるんですけど、いまは立ち入り禁止になっとると思います。そこへ行くと背丈よりもちょっと小さな栗があるんです。大きな木にはならんのですよ。ピロピローってこう、あの〜ススキみたいな感じで。

錦　栗文鉢（提供＝柿右衛門窯）

当時はその辺りで自衛隊さんが演習してまして、スケッチに行くとゴソゴソゴソゴソ音がするんで、見ますと自衛隊さんが這ってでてくるんですよ（笑）。匍匐《ほふく》前進っていうんでしょうか。いまはそんな所に入っちゃいかんのですけど、以前は入れました。それで、遊び半分で弁当でも持って行ってました。嬉野の芸者さんらと一緒に行ったりもしてました。

自衛隊さんに「なんか食べていきませんか？」っていうたら、いまは職務中でありましてって（笑）いうとりましたがね。そんなことが何回もありましたねえ。これはそこの栗ですな。

柿右衛門に栗っていうのは珍しいんです。

珍しいっていうより、ないですね。この栗をスケッチしたのは襲名前の昭和四十年くらいだったでしょうか。襲名する十年か七～八年ぐらい前だったと思います。そのころは嬉野にしょっちゅう行ってましたからね。

当時は、十四代になるなんて自覚はまだまだ薄かったんでしょうかね、自分でいうのも変ですが。中島宏と嬉野にしょっちゅう行ってました。親父はよく別荘にいましたので、その辺には近づかんということで（笑）。

中島とは七つ違いで、中島が私より下です。中島にはお兄さんがいたんですよ。体が悪くって、むかしからお兄さんの方が体が弱かった。中島のお兄さんは若くて亡くなりましたけど、なかなか良い作家だったと思いますよ。中島と違って作陶は青磁じゃなかったです。

中島宏先生のこと

いつから中島と遊び仲間になったかという正確な記憶はないんですよ。おそらく工藝会に作品をだしたころからでしょうかね。最初、日展系にお兄さんがだしてたようです。しかし、私はお兄さんとはそんなに親しくはしてませんでした。親しくなったのは中島が工藝会に作品をだすようになってからでしょう。ですから、まあ、ずいぶん長い付き合いなんです、中島先生とは。

私と中島ではちょっとタイプが違いますもんね。私はそのころ窯元さんとはあんまりお付き合いしなかったんで、やっぱり工藝会に出品するようになってから作家の仲間と付き合うことが多くなっていって、その中でいちばん仲のいいっちゅうか、ウマが合うちゅうか、それが中島だったんですね。

仲良くなったキッカケというのは記憶にないです。作家仲間のお付き合いをつづけてたってことと、しょっちゅう嬉野に一緒に行ってたことくらいしか覚えとらんです。

でも、うちのおやじは「中島、中島」っていつもいってました。おやじは退屈すると中島んとこに電話して、「ちょっとでてこい」とかいうとりましたね。そうすると、中島がすぐに私に電話してくるんです。でも私は「俺、行かん。お前行ってこい」っていうわけです。おやじは中島を誘って飲みたいわけですけど、私はおやじとは一緒には行きたくない（笑）。それで私がどっかで飲んどると、うちのおやじんとこへ中島がきて、ちょっと挨拶くらいはしといて私と合流するわけです。まあ、私の代わりに中島がおやじの犠牲になっとるわけですな（笑）。

中島はおやじに呼びだされて、んでしばらくおやじになんじゃかんじゃやられて、「どうせその辺でマサ（正）が待っとっちゃろ。お前、行け」っていわれてお役ご免になるんですな。

佐賀県の陶芸協会が有田にあったのかなあ。そういうとこで中島はなんだかんだやってたということもありましたからね。それに、まぁ中島先生はなんでもよくわかってますからね。

私のやったことを、工藝会でいま全部彼にやってもらってるんですけど、忙しいですよたぶん。でもまぁ、嫌じゃなさそうだし、人の面倒見したりなんかするのも好きらしいし、いちばん私の気持ちをわかってますからね、中島は。日本工藝会でもいま常任理事かな。今年から上にあがりましたんで、おそらく陶芸部会長とか常任理事、あるいは副理事長なんかになるんでしょうね。私が辞めたんで、そこはいま空席ですから。やってくれると思います。陶芸でいちばんなんだかんだわかってる人材ですからね。他にいろんな先生がいらっしゃいますけど、工藝会のことに関しては案外離れたところにいらっしゃる人が多いもんですから。

中島はとんでもなく奔放に見えるでしょうけど、あれでものすごく気を使うんですよ。

ああいうふうに見えますけどね、気配りっていうかな、それができる。ま、たまに口はやりっぱなしですけど（笑）。後ろから見るとものすごく気を使ってます。悪い口のきき方をわざとしてるんでしょうけど、恥ずかしがりというところがありますね。

それと、あまり世間の人は知らんのですが、中島はものすごいコレクションしてますよ。武雄周辺の昔からのやきもの、古武雄（焼）っていうのかな、あれを集めてる。古武雄の作品をほとんど一人で集めてます。四〜五百点集めてるんじゃないですか。

この前、一冊の本にまとめてようやくできあがったんですけど、そのうちどっかで展覧会をやるんじゃないでしょうかね。古武雄というのは唐津風に見えるんですけど、ひと味もふた味も違うんですよ。そういう収集する癖っていうか、研究者としての顔も中島先生はもっとるわけね。

そうそう、中島の自宅は窯跡みたいなとこに建っとりますからね。唐津とはちょっと違う、ずうっと唐津から伊万里の山合いに流れとるところに唐津風の彼の窯があるんですよ。弓野窯といって、嬉野のちょっと手前ですけど、その終点みたいなとこが武雄で、唐津風でありますけど唐津とはぜんぜん違う、ものすごいやきものですね。唐津より繊細っていうかね。土ものです。

中島の家の方へ入って行く途中に畑があるんですけど、狭い道なんですけど、両側全部いまだに窯跡なんかごちゃごちゃあるのがわかります。中島の窯ではないかもしれませんが、そういう場所に彼は家を建ててますね。そういう環境のなかで仕事をしとるというのも中島らしいです。

とにかく古武雄は本にはなりましたけど展覧会はまだやってない。どっかでやったらいいです。

生活の変化と有田のやきもの

私が襲名した時代の前と後の有田っていうのはずいぶん変わりました。深川製磁さんとか香蘭社さんとかはまだきちっとそれらしい仕事がありますけど、大雑把にいうと、有田らしいきちっとした仕事はだんだんなくなってます。普通の窯元さんはどこでも一緒でしょうけど、即使えるものを作るようになってきとるんじゃないでしょうか。

たとえば、杯を作るのを止めて焼酎カップを作ることにしたとか、そういうものに走ってしまっとるという気がします。うーん、要するに伝統的な日本の器というようなものがなくなってしまったんですね。

まぁ、そういうものは作っても売れないんじゃないんですかね。売れないから作らないのか、作らないから売れないのかという問題もありますが、売れないから作らないっていうことなんでしょう、おそらく。売れるものができないというと失礼になるかもしれませんけど、焼酎カップなんかのほうが売れ足が早いんじゃないでしょうかね。

そういうふうに、有田の仕事が切りかわってきているんだと思います。料亭さんとか旅館とか、むかしからの有田の主たるお客さんがもうほとんどいなくなったっていうこともあるんでしょう。以前の有田というのは、まあ、時期はいろいろですけど、料理屋、料亭、飲食店や日本料理屋さん、旅館、温泉やホテルまで使っていただいていたわけです。しかし、いまそういうことはほとんどありません。西洋のものがどんどん入ってきてますし、使い勝手というか、若い人たちに向けてのやきものの素顔っていうのが変わってきてると思います。

ライスカレーのお皿にしても、ライスカレーを食べるのにいちばん楽しく食べれるような形になってきとるわけですね。絵付けからなんから、これはライスカレー用ですよっていう、いま風なものに完全に切りかわってしまってる。

一方では古いっちゅうか、伝統的なものを作ってらっしゃいますけれども、どうも明治時代からこっちっちゅうのはひとつも変わってこない。要するに、新しい和食器はどうあるべきかっちゅーことがなかなかつかめないんですね。

これは家庭で使うものがまったく変わってしまっているということと、営業用に使われる食器類がまったくもう売れないことに現れとると思います。安くて、合理的で、綺麗で、っていうものに切りかわってしまってます。まぁ、有田にこだわった食器を使う場所がなくなってきたともいえるんでしょう。日本人の生活様式、価値観の大転換が起こっていたということとなんじゃないでしょうかねぇ。

有田はいったいどこへ行くのか

昔もいまも同じようなものを食べていたとしても、いまはまったく違う食器が氾濫してるんですな。もちろん、日本人の食べとるものもまったく切りかわってることが多いんですけど……。

香蘭社や深川製磁さんあたりのもの見ると、昔風なものをまだちゃんと残してますけど、それを買うお客さんが少なくなっとると思います。昔風なものといま風なものとのちょうど真ん中あたりというか、中間あたりにうちや今右衛門さんなんかがあるんでしょうか。

少し伝統的な香りのする窯元はまだ有田にも残っていますけど、この中間層ちゅうのは使う人がいないんですね。料亭とか料理屋とかいうのは西洋のものを使うとか、徹底していま風のものに切りかえてしまっているんですから。

うちなんかの場合でいいますと、料亭ではもともとそんなに使われとりませんでした。どちらかっていうと普通の家庭で趣味をもった人たち、むかし風のご家庭っていうか、そういうところにうちの品物は多く入ってました。料亭でも、有名な料亭なんかではそこそこお使いいただいてましたけれども。

一般的な料亭あたりだと、有田のものがいっぱい使われました。そういうこともあって、昔は有田の品物がどんどん売れてたわけですよ。それが止まって、方向転換した窯元さんが多いんです。だから、いずれにしても最近は最悪の売り上げでしょうね、まったく昔とは数字が違ってきていると思います。

それでいろんな変わったものを開発するわけですね。しかし、それじゃそういうものがどんどん売れるかっていうと、そうもいかない。なにもかもがどんどんどん変わっていっとる。その変化と変化の速さについていけなくなっとるのがいまの有田の状況だと思うんです。

極端なことをいえば、有田はどういう方向に行くのか、みなさんどういうものをお作りになってるのかさえもうわからんような状況ですな。

だって、揃い食器というのがいまはないんですよ。名古屋の瀬戸・多治見、あるいは中国でも、安いものができるでしょう。そういうところに注文している有田の業者さんだっているんですからねぇ。

核家族化時代と有田の食器

有田のやきものの値段は高かったんでしょうね、昔は。それだけのお客さんもいたんでしょう。有田のやきものを使ってるって自慢してくださる人たちがいたわけですから、「有田焼」というのは高級ブランドだったんだと思います。

うちの場合もそうなんでしょうけど、大きな地主さんとか病院のお医者さんとか、料亭のいいところとか酒屋さん、醬油屋さんとかがうちのやきものを使ってもらえる人たちでした。うちのものを使って下さる業種というものがだいたい決まってましたもんね、昔は。

しかし、そういうところがもうなくなりました。そういうことですから、うちでもなかなか食器がでない。だからまあ揃いでなく、食器の好きな方たちにバラバラになっとるものをお買い上げいただくことになるわけです。五客セットになった食器なんていうのは、もう本当にほとんど売れないんじゃないですかねぇ……。

しかしこの状況はもう永遠に変わらんかといえば、変わるかもしれんと私は思うんです。デパートの個展の帰りなんかに時間を作ってあっちこっち行ってみますと、たしかに私どものものを揃いで買われるようなお客さんがおられるんです。セットで、キチっとしたものをほしいといわれることが多いんですよ。なんかもっとこういうものがほしいといわれて、揃えて使いたいっていうお客さんはたしかにいらっしゃるんですよ。

ただ、むかしみたいにそれが当たり前という状況じゃないことはたしかです。家族が分解して、核家族化しとるっていうことも大きな原因なんでしょう。むかしは家族揃って、という世の中でした。ところが、家で飲み食いするっていう時代でもなくなってきとります、いまは。そういうことも揃いで食器を買われないことの大きな原因ではあるんです。

料亭さんあたりに行けば、少しは揃いのものはあるんですけど、普通はだいたいはバラバラです。皿にしても茶器にしても。酒器もそうです。杯が五個揃いになっとったんですが、そういうのはもう全然ダメですな。ぐい呑みとかもコップみたいなものになっていく。徳利もぜんぜんダメですね。酒を燗して自分のうちで呑むっていう人がもういないんじゃなのかなぁ。

料亭さんとかなんかには昔のものがまだありますけど、いまは昔のようなお客さんがほとんどいらっしゃいません。コーヒーでも一客でいい。碗は二つ、なんていう人たちが普通になってしまいました。

有田焼の特徴

そういう現状ではありますが、やはりどこかに有田らしい職人技っていうのがほしいんですね、私は。ところが、有田のやきものは重たいんです。やきものの重さが重い。こんなこと申し上げたくないんですが、どこのものでも有田のやきものは重い。

これはろくろ師の技術がいまはいらなくなってるっていうことでもあるんです。やきものが厚くて重くて丈夫であるというのは有田のやきものの感じがするんですけど、そういうことがなかなかみなさんにご理解いただけません。

そういう有田らしい職人技っていうのが途絶えていくと、どうなるのか。われわれはそのへんがいちばん心配です。本当にもうあんまりこれ以上は申し上げたくないんですけど、高台《こうだい》ギワの削りにしても、以前からの有田の器っていうのには特徴がありました。フチ

（口縁）づくりと高台ギワのタテカタには有田のやきものの特徴がでとるんですね。

高台が付いているというだけで器の高さも削り具合も違います。高台の土の中なんていうのは、ちょっと器を削って割ってみるとわかります。厚みがぜんぜん違うんです。むかしのは綺麗に揃います。それに、高台がピッと立ってる。最近のものはそこの部分だけ平たくなってましてね。要らない土がついとるんですな。器の底の部分だけが厚くなってるってことです。これがさきほど申し上げた器の重さに関係してくるんですね。

高台とフチと器のバランスこそ

以前、世界一周したことがありました。有田からはじめてヨーロッパに輸出された貿易品を収集している美術館や博物館を一回りしようじゃないかということで、ヨーロッパを四十四〜五日かかって回ったことありました。そのとき一緒に行った人はいまはもうだれも生存していません。生き残りは私だけになってしまいましたけど、そのときにびっくりしたことがありました。

あれはイタリーのフィレンツェだったと思います。「日本の器の歴史」を展示している資料館みたいなところに、有田の窯跡を発掘したときにでてきた膨大な破片が展示されておったんです。有田にもないぐらいの発掘現場の展示をイタリアで見せられたということに、まず驚きました。そのうえ、高台《こうだい》だけをダァーっと見せて、有田の高台の変遷といいますか、要するに日本の和食器の基本を見事に展示してあったんです。これには本当に驚きました。

ガラスケースの中に並べられとる窯跡や高台なんかの展示を見せられて、ここまで外国の人が有田の器の姿、形、作り方に興味があるのだろうかって思いましたね。私が三十四〜五歳ぐらいだったかなあ、そんときにそういうものを見てびっくりしたんです。

海外の人たちの間でも有田のことが話題になる、有田をわかってる人がいっぱいいるということを知ったんですな。しかし、当の有田の食器がいまどうなってるのかを考えますと、これはメチャクチャでございますというようなことをいわざるを得んことになってしまうんですよ。いちばん大事な部分をないがしろにしとるということですな。ということは、やっぱりロクロ師がいないっちゅうことなんですよ、職人さんが。

やきものっていうのはいつも口縁《フチ》、フチのことをカタとかクチという人もいますけど、フチなんですよね、本当は。その姿、厚み、それと胴の膨らみ具合に対するフチの大きさ、力のバランスっていうんですかね。それと大事なのはこの底（高台）なんですよ。

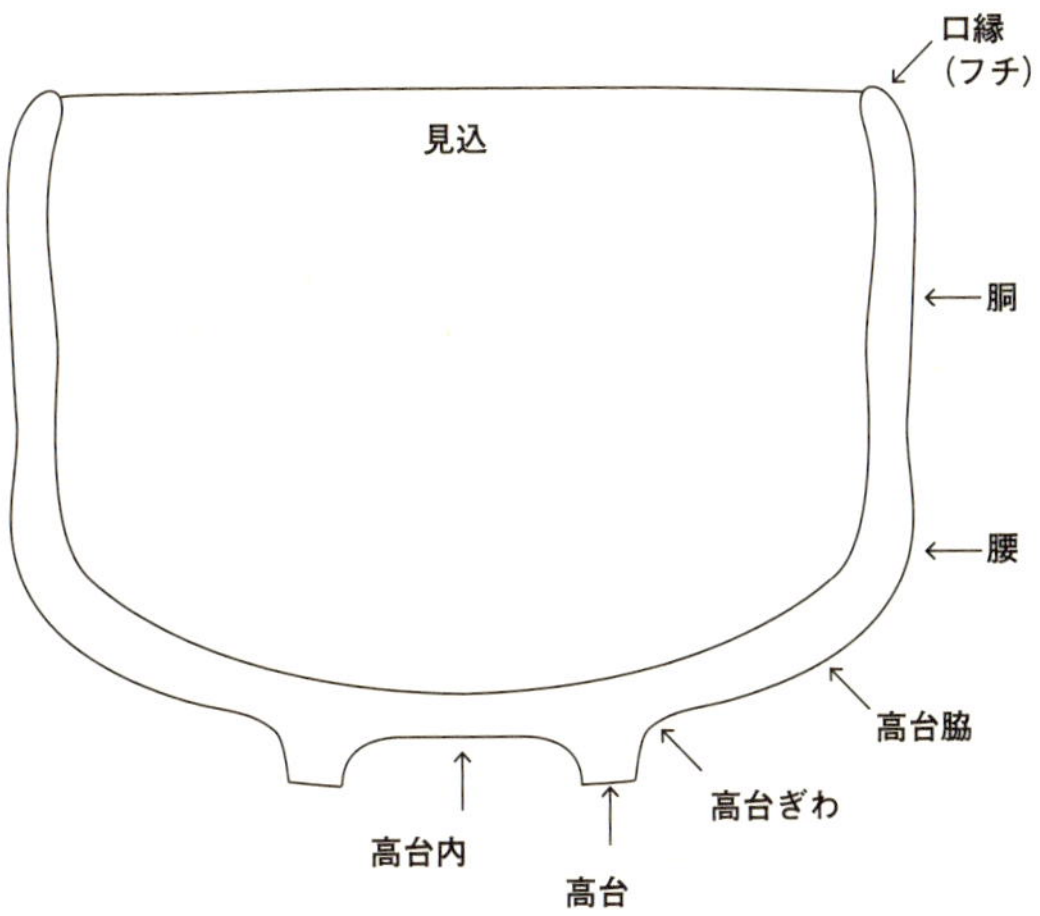

茶碗部位名称

やきものは底とこの口縁部がいちばん大事です。美しさっていうかバランスのよさっていうのが見えるのがその部分なんですから。で、工芸展にしても何にしても、いっていいかどうか知りませんが、そのあたりの審査がまあメチャクチャになってきとります。作家さんたちが、器じゃなくてオブジェみたいなものを作られとりますからね。要するに器とは関係なく作ってらっしゃる。

もちろん、それはそれでいいんですよ。現代は現代の姿があってもいいんです。ただ、有田っていうところにこだわってくると、私どもとしてはどうしても高台とこのフチの姿と厚み、それらのバランスっていうのがいちばん大事になってくる。

さらにいいますと、やっぱり器の高台の削り方がいまはメチャクチャでございます。いまのやきものを見とりますと、器が高台に付いてるっちゅうだけなんですな。むかしからわれわれが叩き込まれてる有田の器の原点は高台と口縁のバランスです。底の厚さ、土配りっていうことです。それを無視してるのを見ますと、これ有田の人の作ですか？　あなたはどちらの人ですか？　っていうくらいの気持ちになってしまいます。そういう仕事場じゃないんですよ、有田というところは。

ロクロの名人にこそ言ってほしい

これが有田のものだっていうことを言葉にするのは難しいんですね。どういえばいいんですかねぇ。スタイルは一見格好いいんですけど、いまのものは内容がよろしくないのが多いんです。足だけ異様に重い。それは、足（高台《こうだい》）の中味は見えんわけですが、高台まわりの厚さが厚いんです。土配りという職人さんの技がなくなっとる。有田の町で高台のタテかたなんて言っても、「何ですかそれ？」っていわれかねんようなことになってきました。高台なんて付いとればいいっていう、そういう世界もあるんですなぁ……。

以前からの有田の技術、職人の技っていうようなことになりましたら、基本的な形というのはあるわけです。それをなくしてしまって、どこで作ったんですか？　っていうようなことになったらいかんと思うんです。そういういまの状況だからこそ有田らしい美しさっちゅうか、職人技のきちっとした器の姿っていうのが必要になってくるんです。そういう有田らしいもの、ないんですよ、いまは。

有田の器の口縁《フチ》や高台はこうだという形までは決まってないわけですけど、土で隠れた部分にその非常に厳しい決めごとみたいなものがあります。職人さんだったらすぐわかると思いますけどね。器の重さにそれは現れとりますよ。

こんなこといっちゃ大変失礼ですが、一人前の職人といわれとるような人でも、高台を見ますと、どこの国の高台なんでしょうか？　っていうような仕事をされとる。わかった人はみんなそう思われてるかもしれませんけど、なかなか口にだしてはいいません。

ロクロの職人なら当然そんなことはわかっとるはずですがねぇ。でも、いちばんわかっとるはずの技術者がそういう状態になっちゃってる。そういう先生にこそ、いま私がいっているようなことをいってほしいんです。私は心底そういいたい（苦笑）。

器の品格は口縁と高台にでる

鍋島っていうのは高台《こうだい》がまた違います。十四代の今泉（今右衛門）君にときどき私はいうんですけど、鍋島の高台をそのまま、いまの器につける良さを継いでいってほしいって。鍋島となると、いちばん気にしなきゃいかんのはその辺なんですね。むかしの鍋島の高台には全部染め付けの絵が入ってますもんね。櫛《クシ》高台っていう呼び名でいうんですけど、そういうものの名残りがいまのはあんまりないように思うんです。

高台っていうのをこんなにうるさくいうのは、日本中で私ぐらいなもんかもしれません。高台っていうのはものを支えてそのものの姿をキチっと見せる非常に大事な部分なんですよ。変な靴とか下駄を履いて、上だけネクタイとモーニングを着たりして歩いてるのはおかしいですものね。

むかしの人は、下駄を見たらその人がわかるってよくいいました。履物っていうのはとても大事だってことですよ。

たとえば、マグカップのような器っていうのも高台がいちばん大事ですね。そこの作りがよくないと品がなくなります。高台の厚みとか口縁《フチ》の反り、それがちょっとした削り方によって、なんじゃこりゃ、捨てろ！　っていうくらい品がなくなる。

西洋のものは、そのへん実に精密に計算されつくされてます。外国人だからなんだかんだいう人がいますけど、国民性の違いや文化の違いがあっても、マイセンとかチェルシーとかウエッジウッドなんかの姿や形は実によく計算されつくされています。品格っていうか、それがあります。

もしかしたら、いまの日本人のそういう感覚が狂っちゃってるのかもしれんのです。狂った感覚で、なにも感じないで器を使ってる可能性があるんですよね。それをもういちど感じていただけるようにするっていうのも、産地や作る人の義務じゃないですか。

自分だけで楽しむんだったら、また別の色をつけてやってくださいといいたいですな。有田で伝統的な仕事をつづけてますという窯元さんであるのだったら、やっぱその辺を少し気を使わんとですね。これはそんなに難しいことじゃないんですよ。有田の窯であれば普通の、当たり前のことなんですけどね。

うちの職人さんで古い人たちはみんなロクロをひきますが、ロクロをひいた後に乾いたヤツを削りますよね。削った後、スパンとまっすぐ器をタテに割ると高台の厚みやフチの内部が見えるのでよくわかります。うちの窯のは底の厚みが綺麗に揃ってます。下の方へ行くとそれは少しずつ厚みは多くなりますけど、綺麗に揃ってる。

ところが、どこのもんかわからんようなもんは、ゴトンゴトンしとって底が厚い。外側の線は揃ってるかもしれませんが、外からは見えん中味がメチャクチャなんです。見えない土の中味と外との曲線が違うじゃないかっていうところに問題がある。高台の周辺の土が厚くても、ちょっと見には軽そうに見えるんです。

でも、食器というのはフチに上手に土配りをしてないと、器として品がでないんですよ。器がとがってくるんですね。透けて見えるぐらい薄く削ってしまうという逆の場合ももちろんあります。そっちも悪い。だから製作中のものを割ってときどき土の配り具合を見るというのがいいんです。ところが、そういうことする職人はいま有田にはおらんのじゃないですかね。

柴田コレクションのこと

九陶（九州陶磁文化館）に柴田夫妻コレクション（明彦、祐子氏の寄贈）という、一万個以上の食器のものすごいコレクションがあります。もう柴田明彦さんは亡くなりましたけど。この柴田さんと私はよく話す機会があったんですが、そのとき「揃いで食器をタテに切っていいですか？」って伺ったことがありました。同じことを何回もお願いしたら、「ぜひやって下さい」っていわれるんですね。そうすれば有田の職人さんの勉強にもなると私は思っとりましたから。

で、その九博（国立博物館）や九陶に、有田の窯元さんなり職人さんなりがいつでもそれを見に行くっていう姿が私はいちばんいいであろうと思っとりました。もちろん、一般のお客様にもいいんですけどね。ところが、有田の職人さんはまず柴田コレクションというものをぜんぜん見に行かんのですよ。窯元さんは行っとるかもしれんけど。

しかし、食器をタテに割って展示するのを実行する前に明彦さんが亡くなられた。それで私もちょっと実行する元気がなくなってしまいました。しかし、これはどうしてもやるべきですね。

器を切って内側を見せるということをなぜするんですか、という人がいっぱいいると思うんです。しかし、そんなこと一切おかまいなしに、有田だから見ていただきたいんです。有田の技術の高さということを知ってもらいたいんですよ。有田の器の本当の姿というのは、ここまでやらないとわからんのですよ。そのことをみなさんに伝えておきたいと思います。

いまの人たちに有田の器を理解していただくには、そこまでやるべきです。姿、形を遠くから眺めたって何の役にも立ちません。九陶なんかには土の表情とかロクロのヘラの動き方、削り方がわかるコーナーがピシッっと展示されておってしかるべきであります。柴田さんがお元気なうちにそれをやっとくべきだった。やっておけばよかったな、といま改めて思っていますけどね。

職人のキャラバン隊を

明治のころには非常にいい器ができとりますよね。江戸のはじめの方のもいいですけど、いまいちばん近いところでいい器が明治時代のものです。職人がもっとも成長して、有田にいい職人がいっぱいいた時代ですね。ところが、明治以降ガタっと落ちた。原因のひとつは、天草の石があまりにも良かったからです。扱いやすい石を使うようになって職人の腕が落ちました。

そういうことを踏まえて有田の現状を考えますと、有田の職人さんを日本中にキャラバン隊として何人かだすくらいのことをしたらいいんです。商工会議所とか町とかが応援して、日本中、世界中に職人たちが技術を見せたり話したりしに行く。なんていうか、商売とかそういうのじゃなくて、有田の技、職人の仕事をみなさんに知っていただくキャラバン隊を作れば、それはおのずと商売ということにもつながっていくはずですからね。

骨董品としての価値とかがどうだこうだとか、ヨーロッパに輸出したりしたからなんだかんだというような宣伝もそら結構ですけど、いま申し上げたようにして本当の日本人の食文化っていうのはどうあったのか、今後どうあるべきかということを有田のやきものを作る職人たちと一緒に考えてもらえたらいいと思うんです。

よくても悪くても、これが日本人なんだということを知りたい欲求はみなさんおもちだろうと思うんです。そういう方が実はいっぱいおられるはずです。私たち関係者、いまのわれわれ有田の人間には、そういうことを日本中といわず世界に伝える責任、義務があるんじゃありませんかね。それが先人、先祖に向けての私たちの礼儀のひとつかもしれんと思いますな。そういう行動は今後のひとつの道しるべにもなるし、世界に冠たる日本人の食文化を大切にしていく一助にもなるんじゃないでしょうか。

鍋島と柿右衛門と伊万里

ところで、大川内《おおかわち》というところに鍋島のもともとの窯場があります。伊万里を通過してから山へ入っていくんですけど、山間で、そこは盛んちゅうか、窯元が結構いまもあるんです。でも、むかしからの本当の鍋島らしいっていうのはちょっとやっぱり変わってしまいましたね、いまは。

柿右衛門様式っていうのと鍋島のなにがいちばん違うんかといいますと、それはやっぱり鍋島藩の御用窯と御用窯でなかったということじゃないかと思います。鍋島の御用窯は、土も図案も技術もいっさい外部には持ちだせませんでした。土も図案も一緒だったと思うんですけど、藩の役所がありまして、その範囲でしか作れんものだったんです。ですから、鍋島はとても限定された、閉塞的なものになっていったということができるんじゃないでしょうか。

最初は鍋島も有田のこの辺でできておったんですよ。有田の管轄に入ってた。それが大川内に行って完全に藩の御用窯になり、明治ぐらいまでそういうかたちが残った。今泉今右衛門さんの窯はその鍋島の系列です。今泉家は有田の赤絵屋十六軒のうちの一軒で、代々鍋島藩窯の御用赤絵師を務めていました。いまの十四代のおじいさんの前の代（十代）のとき、藩制が崩れた明治以降ですが、窯焼き（窯元）として今右衛門さんとこの窯が有田の方で開かれるようになったんだと思います。それからずっと今日までつづいておられるわけですね。

今右衛門さんのところが鍋島の藩窯の全体を有田に持ち込んだということじゃないんですけれども、色鍋島を有田で作られるようになってから、鍋島系のものは今右衛門さんが代表されとるわけです。有田の古伊万里風のものと鍋島らしいものとの接点のようなことを上手に利用されて現代の今泉家がある、ということでしょうか。

柿右衛門様式というのは、そういう歴史をもつ鍋島系列から見ると孤立しているというか独立していて、鍋島の匂いがないですよね。非常に自由にやらせてもらったという感じがします。古伊万里とは違ったものを作るということでこの柿右衛門様式はやらせてもらったっちゅうことなんでしょうかね。

酒井田家のルーツ

お茶が美味しい八女に行くと、いまでも酒井田っていう名前の土地があるんです。酒井田っていう土地の名前が私どもの名前になってる。でも、もともとをたどれば酒井田は大分からはじまったようです。

酒井田家は八女《やめ》なんですが、その八女に大分からなんで行ったかっていうと、大友家（戦国大名）の領地を預かってたからなんだっていうんですね。まあ、現場を管理する武将であったらしい。八女の山の上に石垣があちこちあるんですけど、そこを酒井田一族で守っていたといいます。ですから、ふだんは百姓か山賊か知りませんが、兵隊さんもいっぱいいいて、何かあるとそういう人たちが集まってくるというようなことだったんでしょう。城跡がありますもんね。

大分のデパートにトキハ（ときわ）というのがありました。そこの名誉会長で上妻《こうづま》京さんという方がおられまして、ちょっと前に亡くなられました（二〇〇八年）けど、その方に「酒井田家はもともとは八女じゃないですか」っていわれたことがあります。それで、「そうです」と申し上げたら、上妻家と酒井田家というのは大友家から八女に派遣された武将で、八女を守ってたんだと教えられました。

八女は北九州と南九州の接点になるような場所ですけど、八女っていっても広いですからね。いまでいうと福岡のずっと南寄りで柳川の先ですよね。熊本寄りの福岡と熊本のちょうど中間ちゅうか、そのあたり。北九州の勢力と南側の大友その他薩摩もそうですが、いざこざが絶えなかったんですな、この接点あたりで。

海も近い平野で、ちょうど九州の中心になる豊かな土地であったこともあって、いざこざが長年つづいた。で、龍造寺一族と大友一族が八女で合戦をして、大友側が負けるんです。酒井田一族もほとんど討ち死にした。そのとき残った小さい子どもが一人だと思ったら実は二人だったんです。八女の記録にそういうことが書いてある。男女ひとりずつだったって。

で、女の子は八女に残り、男の子どもは人質みたいに龍造寺に預けられた。博多の承天寺とか佐賀藩の嬉野のずっと奥の鹿島あたりの寺とかに、点々と酒井田一族なんかの子どもが預けられたそうです。そういう文献があると承天寺の和尚さんがいっておられました。

樋口さんって名前の人が八女には多いんですが、その樋口家ってのはさっきいいました大友が残した子どものうちの女の子の方が八女で嫁に行った先なんです。その樋口さん、樋口一族が酒井田家の親戚なんですね。ですから、ちょっと郊外ですけど、八女の酒井田っていうとこ行きますと樋口さんばっかりですよ。公民館ができたときに行ってみると、出席してたのほとんど樋口さんばっかり（笑）。

いま樋口一族をまとめてらっしゃる樋口家と、その親戚と、親戚じゃないような樋口さんがいっぱいいらっしゃいます。元締めの樋口さんがちゃんといらっしゃいまして、ときどき連絡いただいたり、「酒井田家発祥の地」という石碑を建ててくださったりしとります。立派な石碑を作って、神社を作って、酒井田家発祥の地という石碑が建っとります。

なんかあると酒井田というところをまとめてる樋口家から必ず連絡があります。市の方からも連絡してくださるんです。なにかあれば最近でも年に一、二回は呼ばれるんですよ。

鍋島藩のやきもの政策

酒井田家にはそういう背景といいますかルーツがまずありまして、初代さんは鍋島家に世話になっておったようですが、なにかの事情で刀を捨てて瓦を焼いたり、なんかそういうことをやっておったようです。それで、文人みたいになりまして、普通の武士を捨てたようなんですな。

武士の身分を捨ててあちこち点々としているうちに有田で瓦かなんかを焼くような仕事をするようになったんじゃないかといわれとります。鹿島のお寺にもお世話になって、そうこうしてるうちに有田に……。

有田焼のはじまりっちゅーのは、「古伊万里」っていわれている中国風のものですよね。それから鍋島が藩用としてそういう形式のものをきちっと育てるわけです。で、鍋島藩の立場に立てば伊万里と柿右衛門様式っていうのは一緒の状態というふうになりますもんね、藩用窯じゃないんですから。それで、ちょっとデザインが違ってきたところに柿右衛門様式が生まれてくるわけです。

長崎、オランダ貿易関係で、鍋島は一点もだしてませんからね。もう幕府なんかに贈り物するのはわずかな量だったと思いますよ。ですから、伊万里と柿右衛門は一般的に古伊万里風、要するに中国風の古伊万里と、もうちょっと日本的にバランスを崩した柿右衛門様式の二本立てにして鍋島藩が「やれ」というふうに決めたのかなと思います。

鍋島藩はその三つの様式をうまく使いわけたんじゃないでしょうか。海外向けっていえばいえるんですけど、いま現在いわれてる古伊万里と柿右衛様式というのは、海外をターゲットにして一般的に売りだそうっていう、そういう品物なんですね。古伊万里の方は本当に中国色をだし、柿右衛門様式は日本風っていうのが守られてきとります。和として自立してますよね、柿右衛門様式は。

鍋島藩の御用窯である鍋島は、幕府にプレゼントしたりお土産に使ったりしていて、どんどんこれを売ろうということはしてないですね。だから、かぎられた職人をキチっと管理して、鍋島のデザインのものを作らせた。一般に売るのは柿右衛門と古伊万里であるということがハッキリ見えるように思います。

ですから、鍋島は派手さがない。しかし、逆にいうと、非常にすぐれたデザイナーっていうか絵師がおって、その様式をキチっと守らせてる。そのあたりの区別はものすごくハッキリしてますね。

九谷は有田だということへの疑問

そうなると、以前にも少し話しました九谷のことにも関係してくるんですね。これはまたちょっとなんともいえない難しい問題になってきます。九谷が有田であるという、これはいま常識的にはそういうことで通ってますけど、学識的にはそれで通るかもしれませんけど、私の個人的な本当の考えをいえば、ものを作ってるわれわれとしては九谷と有田は非常に違ったものに見えてくるんですよ。絵の具にしても形にしてもそうですが、問題はデザインですよね。

鍋島でも伊万里でも、伊万里っていうふうに範囲を広げると、まぁ九谷も伊万里に見えますけど、もうひとつしっかりした根拠っていいますか、現場の有田で九谷は有田であるという証拠になるようなもんがでたとはいえんように思います。だから、大手をふって九谷は有田だとはちょっといい切れんように思うんですね。

雰囲気といいなんといい、ものっていうのは作った現場と人の香りっていうか、そのものの先になにかが見えるんですよ。職人さんの姿というようなもんが……。ですから、私にはどうしても二つが同じ場所で、この有田の小さな山間の村でできたとは感じられんのです。これだけ違ったものがどうやってここ有田でできたのか、考えれば考えるほど不思議です。

科学的に分析したりして、突っ込んで調査するともう少しハッキリするんでしょう。けれども、「九谷は有田だ」っていわれても、「これは有田だ」と私はなかなかそうは思えんのです。もう少し具体的な証拠っていうか、科学の力で分析をしてみてから結論をだしてもいいんじゃないかと私は思います。いまのままだと、「九谷は有田です」っていわれても、どこでどうやって作ったかとなると、ちょっと疑問が残る。これだけ違ったものが、同じような時期にどうやってできたのか……。

裏絵は九谷、表は古伊万里というか鍋島でもいいですけど、ひとつの作品にそういう技術や原料が混ざってる部分が結構あるというのであれば、九谷は有田だということで通用するんでしょう。ところが、九谷と有田の二つはまるっきり違う。鍋島と伊万里が違うように二つは違いますもんね。

鍋島の役所が管理していた窯から二種類の違った破片がでたんだったら、二つが違っていてもよくわかります。けれども、九谷の場合はそういうことになっていませんね。なんかもうひとつ強烈な証拠が乏しいんです。

この謎解きは推理小説みたいに面白いですから、まだまだつづくんじゃないですか。色絵磁器ですから、そんなに違わないように見えるかもしれませんけど、作ってる現場の者から見ると、二つは結構違ってます。方言にたとえると九谷焼は有田弁じゃない。九谷は有田とは違う言葉が入っとります。漠然としたことしか私はいえんのですが、私はハッキリ二つのやきものの違いが見えてくるように感じとります。ですから、いまのところ九谷は有田だということになっとりますけど、そこまで強くいえんのですよ、私は。

赤絵窯の跡がない

有田で発掘された破片のでた場所は登り窯の窯跡なんですね。登り窯っていうのは色絵を付ける窯じゃないんですよ。本焼きする窯なんです。うちの裏山に長いのがありますけど、そこからでたっていうたって、破片には九谷を証拠だてるような意味はなにもない。

私たちの常識からいって、色絵を付ける窯っていうのは非常に大事な仕事で、焼きあがったうちでいちばんいいものに色絵をつけるわけです。本焼きの窯っていうのは相当ロスがでるわけですから、ものすごい量の破片を捨てる場所がある。その捨て場跡から見つかる破片は、大事な資料の発掘をするにはいいわけです。破片捨て場の下の方から年代的にずうっと上にあがってるわけですから、時代を区分したりするには非常にわかりやすい。それを文化庁がキチっとやった窯跡がここにもありますよ。結果は綺麗にでてます。

そういうところからいろいろな破片がでたっていえば、それはそれまでの話なんです。もしそこで色絵付けをやっていたなら、少しではなく色絵付けをした破片が大量にでるべきなんですね。窯があったなら、ですよ。ところが古い赤絵の赤絵窯の跡っちゅうのはないんですよ、有田にはもう。

なぜかって私流にいいますとですね、色絵の窯、赤絵の窯っていうのは人が住んでるすぐそばになければならないということと、窯自体が小さいということに原因がある。タテ・ヨコ、一メーターか一メーター半くらいの広さで、高さだってせいぜい人の背ぐらいなもんでしょ、そんなにもないかもしれんのが赤絵窯なんですね。大物を焼く窯はもうちょっと大きかったかもしれませんけど、とにかく赤絵窯は人の気配のすぐそばにあるもんなんです。

絵の具だって使わないかんですからね。住まいと赤絵窯っていうのは接近しとらんとダメなんですね。ですから、山間の登り窯は色絵の場所じゃありません。もっと身近にあるべきです、色絵窯は。そういう仕事なんですよ、色絵の仕事っていうのは。本窯で傷のでなかったほんのわずかなものに色絵を付けるわけですからね。

昔は本窯に十個入れたら、焼きあがって色絵を付けられるのは半分もなかっただろうと思うんです。そういうものを作って持ってきて、絵を描いて、絵の具を塗って、色絵窯に入れる。これはもう人々が住んでる近くでないとできんのですよ。

本焼とかロクロとかするところは、いまは工場で一緒にやってますけど、むかしはそうじゃなかったんじゃないかな。そう考えますと、有田の窯跡からでた破片ので場所がちょっとおかしいです。有田の山の中になんて、赤絵窯はなかったと思うのが普通です。そこからいくらかの破片がでたっていったって、九谷は有田だという証拠としては不十分ですね。色絵の破片が混ざり込んだか、家の横のゴミダメがいっぱいになったから大きなところへ持ってって捨ててこいとなったか、とにかくそういうなんらかの事情で破片が山の方へ動いたんだろうと考えたほうが合理的なんですね。

やるべきことは他にある

私、有田の肩を持ちたいんですけど（笑）、残念ながら確たる発掘現場っていうのが有田にはありません。住居に近いっていうことは、長い時間の間に掘り返したり家を作ったり道路になったりしますので、簡単に発掘するようなわけにはいきませんからね。大きな本窯の跡は残りやすいです、どこでも。中国だってどこだってそうです。でも、赤絵窯の跡っていうのはなかなかないんですよ。有田でもそれはまだ掘られてないと思います。

九谷の徳田（八十吉）君とこには赤絵窯があります。あれもそんな古いもんではないと思いましたけど、残ってます。しかし、窯が在るのは家の中なんです。まあ、後で屋根をつけたんでしょうけど。そして、町の中です。

だから郊外っていうのか、町外れには大きな本窯を作った。本窯は長いんですよ。そういう場所に作って、普段は畑とかなんかもやっとるわけです、昔はですね。ここもそうですもんね。山っていうより、段々畑があったとこですから。赤絵窯の場所というのは本窯のあるところからは結構離れてますもんね。ですから、その後町は都市化していって赤絵の窯はなくなる。そういう経過をたどるのが本当かもしれません。

赤絵の破片なんていうのは、そんなに大量にはないですから、この下にも埋まっているかもしれません。まとまってでればいいんですけど、絵の具も色の悪いのが必ずでるんですよ。いまだってそうですから。むかしの薪窯だったら絵の具がくっついたとか割れるってことはないんです。絵がまずい、絵の具の発色が悪いというのは当然でたと思うんです。しかし、そういうもんがない。ないっていうより探せないわけですよ、有田では。本格的に発掘調査をやればガラガラーっとでるような所が一カ所でもあるかもしれんですけどね。有田の赤絵町の赤絵は、今泉今右衛門君とこの近くが色絵をつける場所だったとなってます。そこらあたりを掘れば、ある程度は……。

ですから、街並の下とか赤絵窯の跡、民家の裏庭の山あいの所とかで掘り当てるといろいろなことがハッキリするんですよ、この「九谷は有田論争」というのは。

九谷の絵の具の色が濃いじゃないですか。でも、九谷のやきものが有田でできないとはいえないです。絵の具を調合すればできますね。しかし、私はそんなことよりもっと他のことを一生懸命議論してくださいといいたいですな。有田の磁器の歴史は四百年っていいますけど、人間の歴史を考えると四百年なんていう時間は本当にまばたきするぐらいの時間じゃないですか。ですから、そんなことよりいまとか明日のこと、日本の工藝全般、いいものを作ろうというようなことを前向きに考えた方がいいと思うんですけどね。

そういうことで考えますと、九谷も有田と同じような問題をかかえておられると思うんです。古九谷風なものをこだわって作ろうとしてる作家というのは、ほとんどいらっしゃいませんですもんね。ですから、いまのこと、将来のことを考えなければならんと私はいうとるわけです。

柿右衛門様式はモノセクシャル

これ（濁手 苺文皿 一四一ページ）はですね、なんというイチゴか実は私もよく知らないんです（笑）。その辺にいっぱいあるんですけどね。実は葉がもっと大きいんですよ。倍ぐらいある。で、葉に隠れてイチゴの実はあんまり見えない。土地の人に聞くと「冬イチゴ」っていいますが、正式な名前じゃないでしょう。でもまあ、イチゴには違いないんですけどね。上から見るとイチゴが全然見えませんで、葉の下にチョコチョコと見える。地面を這っていくようなツタみたいな感じの植物ですね。

これはもう濁手ですから、襲名したころから描きはじめたんかもしれんです。この近所に若木という所がありまして、そこにゴルフ場があるんですけど、そのゴルフ場にこの植物がいっぱいあるんです。ゴルフの玉を探しに草むらに行くとそこらじゅうにこれがついでに見つかる。

それをこうデザインとして勝手に変えて描いてるんですけど、こんなに実《み》がなっとるわけじゃない。ひとつのデザインとして勝手にやってます。正《まさし》の時代とはずいぶん違ってますよね。木じゃなくてツタなんで、デザイン的に嵌めやすいんですよ。絵をどんな風でも動かせますから。これは型に嵌めてやっとります。柿右衛門様式によくある型に嵌めとるわけです。

これに似たようなものが江戸時代から結構ありますけど。昔のものは小さいんで、それを大きくして石膏型で作ったんです。まあ柿右衛門様式としてよく見かける型で、むかしのものにはこういうふうにフチを切ったのが多いんですよ。食器なんかもいっぱいあります。それを大きく伸ばした。

しいていえばそういうもんなんです。これは丸だけでは面白くないから、ちょっとフチを切ってみようかと、フチでオシャレをしたっていうことですよね。フチをいろいろ変形させた器っていうのは昔からたくさんあるんですよ。

これは正のときよりも絵の具は塗り方が薄いっていう人がおられましたが、正時代にガチャガチャやっていたのが少しはおとなしくなってる（笑）っていうことですかね。やっぱり襲名する前と襲名した後ではなんとなく違いがでるんでしょう。絵の具の調子、絵の具の濃ゆさ、絵の具を塗るとき、色を広げていくときに筆数が少なくなったっていう気がします。それでちょっと薄くなるんです。薄いのを何回も重ねるっていうふうにして絵の具っていうのは濃ゆさ薄さを調整しますので、それまで三回塗ってたのに二回にすると薄くなるわけです。

鍋島系統のものだと、武士の匂いが強く匂ってるけれど、柿右衛門様式にはまったく武士の匂いがせん、という方もいらっしゃいます。柿右衛門様式というのは、いまのことばでいえば一種のモノセクシャルで、男と女の違いみたいなものが感じられんかもしれません。

オシャレの仕方が違う。古伊万里なんかに比べてもそうですよね。男の匂いというか、武士の匂いというか、それは鍋島に染め付けが入ってから特に強くなったということもあるでしょう。

濁手　苺文皿（提供＝柿右衛門窯）

でも、柿右衛門にも染め付けはあるわけですが鍋島と柿右衛門の染付は違うんでしょうなぁ。

将来への橋渡しする責任がある

有田と天草の石の違いということは歴然とあるんです。先日、天草山に行きました。天草の石はまだものすごい量があるんだそうです。でも、その天草の石も使われなくなってきたそうです。使う人がいないっていうか、天草の石もいらなくなってきてるというんですな。もっと作りやすい土がどんどんできとるんですね。どこでどう作ってらっしゃるのか私もよくは知りませんけど、天草の石さえ使われなくなったというのが現状なんです。

有田にはかつて石屋さんが十三軒か十四軒あったんですよ。最盛期には、というか明治以降ずっとそうでした。ところがいまは三軒しかございません。石が売れないそうです。窯元さんたちはどこでどうして石を調達してるんですかねぇ、こればっかりは私もあんまり詳しくは知りません。

有田でもその「謎の石」を使ってはいるんですから、聞くとわかるんでしょう。石屋さんにいわれてるんですよ、「有田のみなさんに天草の石をもっと使っていただくようにいって下さい」って（笑）。

ですからいうんですが（笑）、天草にも石はまだいっぱいあるんです。石を中国あたりから輸入してる業者さんもいらっしゃるでしょう。中国の石だって、いいのと悪いのがあると思うんです。何年か前に中国に行ったときは、石のでる山が何キロもつづいているんですが、そこではドゥワーっと昔のままのやり方で石を掘ってるようでした。二〜三百メーターの高さの山でしょうか、棚田みたいになってまして、上で石をだして、いちばん下まで石を降ろしてくるんですが、もうメチャクチャになってました。

粉にしたものを棚田みたいなとこに寝かせて土を作って、トラックでどっかに持って行くんです。そこの人夫さんに「どこへ持っていくんですか」って聞きましたら、「よくわかりません」といって教えてくれませんでした。まあ、本当にわからなかったのかもしれないですけど。

中国も大量生産の時代になってますので、石がどうのこうのってことはあんまりいわないんでしょうけど、それでもやっぱりやきものが作られてるっていうのは事実なんです。有田と一緒で、本当の石がどうのこうのっていうような石はいらんのですよ、中国でも。セラミックとかなんだかんだと利用する範囲が広がってますので、使ってるものはやきものの原料だけじゃないと思います。

有田も惨憺たる現状

どこの産地も非常に変わりました。有田も本当にどうなりますかねぇ。まあ、私どものの仕事は、有田としてのむかしからの伝統的なやきものを作る現場として窯元が多少残って責任をはたすっていうのか、将来に向けての橋渡しをするということだと思います。

これは町としてやるべきなんですよ。しかし、町だけではとてもやりきれんぐらいのことなんですね。町の責任ということもありますが、国がもっと乗りださんといかんと思います。そして、一般の人たちがもっともっとやきものに興味をもっていただいて、使ってもらうことですね。

もちろん、デザイン、形、値段、そういうものを現代に合うように私たち生産者としても努力するべきでしょうし、その後ろには技術をきちっと守ってる町がなければいけません。要するに、外側に向けて有田はスジを通さにゃいかんのです。

ところが、いまの有田にそういう余裕はいまないですよね。とにかく売れるものを作らにゃいかんということになっとります。世の中に要求されているものに対しての勉強とい

窯の煙突が林立している現在の有田町。すでに使用されていないものも。（撮影＝和多田進）

うか、世の中の欲求に前向きだってことはよくわかりますけど、それにひと味もふた味も加えて魅力的なものにするには、機械だけ、化学だけで作るっていうことでいいのかっていう問題が問われます。機械や化学でやるのは便利で簡単でしょうけど、そういう美意識でいいのか、ということですよね。

泉山の石を使える人を作らんことには話になりません。ですから、窯業大学校とかの生徒さんたちが、泉山の石を使いこなせるようになっとらんといかんと思うのです、本当は。そうでないと学校の意味がない。窯業大学校はそういう学校であってほしいんですが、なかなかそういうことを教えてくださる適当な先生がいらっしゃらない。

伝統的な手仕事を教える専門の先生がいないんです。それで、有田在住でいらっしゃる方に、一年交代でロクロを教えてもらったり、絵を教えてもらったりするシステムにしてます。泉山の石をロクロでひくのは、とにかく難しいです。

しかし、とにかく泉山の石を使うという経験を学校にいるときだけでも学生たちにやらせたらいいと思うんです。泉山の石がいいの悪いの、どうのこうのじゃないんですよ。とにかくなんでロクロってこんなに難しいのかっていう段階の人が多いんですからね。伝統工芸師さんという通産省認定の人たちでもロクロは難しいんですから、天草の石でもまだ難しいかもしれません、学生たちには。

もっと作りやすいもので伝統工芸師の方たちも仕事されてます。技術は多少もってらっしゃいますけど、原材料までこだわってどうのこうのするような人たちじゃない。直接そんなこといいませんけどね（笑）。技術の基本的なこと教えるわけだから、それはそれでいいんです。天草の石が入ってくるようになってから技術が落ちたっていうのはこれはしょうがないですもんね、泉山の土を使う人がいないわけですから。でも、せめてここの大学校は泉山の石を使える人に卒業してもらいたいもんですなぁ。そうならんとダメですね。

泉山の石は有田の生命線

ロクロの難しさっていうものの筋道だけでもわかっておいてもらう、それでも十分いいと思うんです。ロクロが一人前にひけるようになるのには少なくとも二〜三十年はかかりますからね。飯碗ひとつだって、とにかくできませんっていうくらい難しい。でも、いまはもう機械と、半分できあがったような土が氾濫してるわけですから、ロクロもうんとやさしくできるようになったんです。

そういう時代に私のようなことをいったって理解してもらえませんでしょうね。しかし、要するに、大学では技術を習えばいい、泉山だろうが天草だろうが、どこの石だってかまわん。とにかく、ロクロっていうのはこんなもんかっていうことがわからんと卒業できんということくらいは学んでもらわんとね。原料材料にこだわって、これはこうだあだいうのは卒業してから後の話ということになっても仕方ありません。十年二十年修業した後だったら私がいまいうとる意味もわかるでしょう。ロクロの難しさもわかります。そういうことでしょうか。

窯業大学校に三年か四年行ったって、なんにもできないってのが実情です。私がいまいうてるようなことを習おうとするなら、五年でも八年でも学校に残っても習うっていうのでないとなかなか難しいでしょうね。長い年月かけて大学校に残ったっていいんですから。それで技術をもった先生のとこに弟子入りしていくという道もある。

ですから、私としては少しでも学校に残って勉強しようというふうであってほしいわけです。でも、みなさん作家になりたいんです。職人になろうって言葉ではいいますけど、どうしても作家として一人前になりたいというのが本音でしょう。そうなると、基礎をちょっとやっただけで、どこがどう曲がっててもいいという人もでてきます。「オブジェです」「現代陶芸です」なんていうふうにいって進みたい学生さんが多いんですよ。それじゃあ学校の存在意味がないじゃないかっていわれますが、これがなかなか悩ましい、簡単ではない問題なんですね。

泉山の石を扱える人は本当に少なくなりました。うちはいくらでももらえますけど、泉山の石をもらってる窯元さんは少しはいらっしゃいます。そういう現状ですから、泉山はいまは閉鎖してるんですよ。今泉君のところもあれだけの仕事をしてますから、泉山の石は大事に扱っていると思います。泉山の石場は町で管理してますけれども、石をもらおうとすればもらえます。ゴロゴロありますから。しかし、有田の町にどんどん流れてるという状況じゃない。このままでは泉山にある石を扱える職人はジリ貧ということになってしまいます。

うーん、泉山の石をそのまま使える職人さんというのは、実際に有田にいるんですかね。「いません」っていうと怒られますんで、そうとしかいえんです（笑）。職人さんが絶え、泉山の石は使わなくなる。泉山の石を使える人を作ることなんていまのところまったく夢のまた夢です。

泉山の石の良さをわかる人がいたって、あの石で作らないかぎり、良さをわかる人は増えてはきません。だから普通の家庭で使う食器に泉山の石にこだわる必要はあんまりないかもしれんのです。有田を守る、有田のやきものを日本と日本人の文化としてつづけていくということが町や県に理解を得られるなら、補助でもなんでもしてもらって有田の歴史を宣伝するのがいいんですね。泉山がなくなると有田にはなんの意味もない、といってもいいほどのことなんじゃないかと私は思っとるんです。

私どもが文化財の指定を受けとるっていうのは、そういう意味があるんです。国として、泉山の石を使った伝統を残して下さい、伝えて下さいっていうような意味がですね。

デザインそして土の問題

これ（濁手 蓼文花瓶 一五一ページ）は蓼ですな。蓼は描きやすい、どこにでもあるんです。以前も描いてたんですけど、最近は特に多い。もともとの柿右衛門様式の中に蓼はないです。ただ私が描きやすいだけなんです。

蓼はどこにでもあって、なんかこう可愛いい植物ですよ。花じゃないですから人の目に触れない。絵なんかでもあまり使われてないもんですから、デザインとしては使い勝手がいいんです。

描きやすいっていうのは手先のことじゃなくて嵌めやすいんです。どうでもなる。綺麗で整った牡丹とか菊とかだったら、昔からのきちっとした伝統的なデザインがありますもんね。絵として使われている形の整った花っていうのが、あんまり私は好きじゃないんです。負けるんですよ。ものすごい派手になるんです、そういう花の絵を付けると。

だから私はやっぱり静かな美しさ、白の美しさっていうのが基本になるもんを選ぶんですね。あんまりやりすぎると、形まで変わって見えてきますしねぇ……。

生地の形の美しさや整えが邪魔になるような絵がいっぱいあるんですよ。絵だけ見せようとすれば、理屈はまたいろいろあるんでしょうね。形に合うデザインをすれば、花はどうでもいいじゃないですかっていうようなことをいうこともできますから、やっぱりひと理屈必要だということになります。

この地紋はデザインを締めるっていうのに使ってますね。ちょっとやりすぎかなあって最近思うんですけど、真っ白なままだと、締まりがないようにも思うんです。

こういうのは昔からあるんですけど、ずうっと見てると東南アジアあたりの布の切れのデザインを真似たというか、そういうものに影響されてるっていう感じもしますね。印度文様っていうのがマイセンに東洋の模様資料として残されてます。ものすごい量があるんですよ、あそこのデザイン室に。印度文様というのは、元をたどれば有田じゃなくてそこに行く。更紗の感じですかね。

理想をいえば、器は絵柄と形がピッタリ合った重さじゃないといけないん

濁手　蓼文花瓶（提供＝柿右衛門窯）

でしょうな。しかし、結構動くんですよ。フチの土の重さで下がりもします。そうすると、胴の上の辺りがでてくるんですよ。そういうのはロクロがまずいんです。とにかく形がいろいろ動く。削ったときのまま焼き上がってくるかっていうと、それは絶対ないですから、最後の形を考えながらロクロで厚みの調節をしていくんですね。ここがでるかなあ、っていう、ここの重さですよ。胴の上ぐらいの重さが下へのしかかってきますんでね。

見た目ではどこにも傷なんてないじゃないですかっていう花瓶なんかに案外問題があるわけです。そういうのは、何の傷もないのに捨てないかん。形が悪いとどういう絵をつけても捨てないかんです。そういうのがどうしてもでるんですよ。だから白のまま捨てるというか、捨てるときはこっそり割ってます。まったくもったいない話なんですけどね。

土の配りかたでしょうね。それともうひとつは、土は土屋さんで整えてくるんですけど、ちょっとしたやり方のまずさで形にしたとき歪みがでる。土屋さんから土をもらうとき、むかしの職人さんはもらった土を歯で噛んで粒子を確認したりしてたですね。

職人がみんなでてきて土屋さんが運んできた土をリヤカーみたいのから下ろす前に、ロクロ師が土に触って土のでき具合をたしかめてました。できが悪ければもう一回やり直して下さいとか、粒子がちょっと大きすぎるように思うけどとか、リヤカーから土を下ろす前にガタガタひと騒動（笑）ありました。

いまそんなことはないでしょうね。むかしみたいに水車で土を作るなんていうことじゃないわけですから。むかしは川の水の勢いがないと水車がよく回らんもんですから、土のでき具合にバラつきがあって、できが違っとったことがよくあったんだと思います。

素直な目で自作を見る大切さ

あー、これ（濁手 桜文花瓶 一五五ページ）は形が非常によく整ってます。形がいいんですよ、フチに力がなかったりしますとね、これだけいい姿になりません。バランスが悪くなる。これが問題なんですよ。やっぱり壺はフォルムそれ自体で美しくないとどうにもなりませんね。白のまんまで美しくないと。

大きいものを作れば作るほどリスクはあるってことなんです。このくらいの大きさ（高46・5　径39・0センチ）だったらなんとかなりますけど、これより一回り二回り大きくなると、窯だしの歩留まりが違ってきます。

お見せした別の壺は軽い。ちょっと形が失敗してます。高台が弱いんです。転びそうに見えませんか。高台ギワが弱い。

それに比べてこの形は、あるようでなかなかない。オシャレですよね。このクチのところの黒子のようなのは鉄です。火山灰。阿蘇の火山灰でもこういうのが綺麗にでます。金に見えるんですが、鉄です。ちょっとオシャレしてる。なんとなく有田で伝えられてますが、昔の中国の古い器なんか見ると、漆をはってるのがあるんですよ。食器なんか伏せて窯に積んでるんでしょうかね。

フチがガザガザのやつがありましてね、このガサガサをなくすため、古い食器なんかを漆でとめています。そういうやり方が日本に伝わってきて、この鉄の色がなんとなく定着してるわけです。縁錆《ふちさび》っていいます。こうすると締まるっていうか、オシャレっていうか、ね。

高台のところにある細い線だって、二重の線だってオシャレでしょ。この大きさに対してもう少しこの赤の線を強く出せばいいんですけど、ちょっと線が細いんですよ。桜をデザインしたのって昔はあんまりないですもんね。

これは（濁手 桜文花瓶）襲名した後の作でしょう。桜もここ二十年ぐらいでしょう、画いてるのは。桜はあんまり好きじゃなかったんですが、嵌めると非常に綺麗に嵌まりやすいもんですからやっとるんですがね。

うーん、これは白で抜いてるんですよ。これは山にもあるしどこにもあります。ソメイヨシノではない。このへんにいっぱいある桜。全体からすると余白が少ないように見えますが、これだけ大きいとバサッっと花を活けないと、専用の花瓶としては使えんかもしれません。これに勝つのはなかなか難しいです。

でも、うちでこうやって見るときと、キチっとした展示会なんかの場所で見るときとではまた違うんです。そういうところで自分なりに研究反省しつつ、素直な目で自作を見る、第三者として自分のものを冷静に見るというのは大事ですよ。

でも、こうやってモノとして残ってしまうということは、いつまでも自分の作ったものを見ることができるということもありますが、見なきゃいけないということでもある。両方の面白さがあるんでしょうが、いつ見ても違っ

濁手　桜文花瓶（提供＝柿右衛門窯）

た感じに見えてきますから不思議です。見ればちょっとやり直そうかなってそんな気になったりしますけどね。

自分の作品をしかるべきところで見るときは、良かったっていうことには私はなりませんね。この次はここをやり直そうとか、このへんはちょっと消しゴムで消そうかなって気になります。ものを作ってる人はみんなそうじゃないですかね。これで良かったっていうことはおそらくないのかもしれない。

若いころのを見て、ああそうだったなぁとか、参考になるようなことはいっぱいあります。一年か二年だとなかなかわかりませんが、十年二十年前のものを見ると、非常に強くそういうことを感じます。

有田にはやきものの味すべてがある！

薬（釉薬）のかけ方ひとつでも反省の材料ですよ。薬というのは外に垂れ下がりたいわけですよ。ここは染み込んでいく釉薬、こっちは垂れ下がろうとする釉薬というように、薬の性質をうまく捉えとらんと思うこともありますね。熱とかヘラの使い方で釉薬の見え方も変わりますからね。

薬の使い方ひとつで石の感じがでてくるわけです。それで表側と中は多少表情が変わってきます。これがいいんですよ。なんかこう手仕事の名残がちょっとのぞけるっていうような感じがでてきますからね。

濁手には石の表情がでやすい。そこに有田の泉山の石の肌合いみたいのがちょっとヘラの跡と一緒に見える。どうかすると、「傷ですか」っていうことになるんですけど。あんまり変なふうに表情がでると傷になりますけど、なんかよーく見てると、土の表面が薬を通して見えるような感じもする。

それが味なんです。唐津の中里（太郎右衛門）さんとこのなんかは土モノですけど、薬が垂れ下がったのが味になってますでしょ。あれは釉薬のかけかたと濃ゆさですね。やきものの味ということがわかれば、日本人はもっともっとやきものを好きになるだろうと思いますよ。そのやきものの味のすべてが有田にはあるんです。

第四章

さらば、十四代柿右衛門

中島宏（陶芸作家・人間国宝）
聞き手／和多田進

古武雄（撮影＝和多田進）

――私たちが大好きだった十四代が亡くなりました（二〇一三年六月十五日）。もう半年になります（このインタビューは二〇一四年初頭）。

中島　柿右衛門さんのことをしゃべるのは照れくさくてさあ。気が弱いもんですから、いっぱい飲みに行ってきました。そうでないとしゃべりきらんよ。

――中島先生のお話は、いつも飲んでるみたいなもんですからね（笑）。柿右衛門さんのこと、十四代の思い出を話していただくのは中島先生がいちばんふさわしいと思ったんです。柿右衛門さんがもっとも親しく思っておられた友人は、間違いなく中島先生だったと思ったもんですから。

中島　柿右衛門さんとのつき付き合いは、僕が二十代のころからですから約五十年になります。僕の結婚式のときには柿右衛門さんの親父、十三代さんが祝いのスピーチをやってくれました。僕が三十歳で十四代柿右衛門さんが三十代後半でした。彼とは七つ違いで、僕が年下ですからね。いま考えると、柿右衛門さんがいちばん元気のいいころでしたね。

――お二人は何がきっかけで知り合ったんですか。

中島　佐賀県の陶芸協会の集まりがあって、そこに行ったらあの男がいたんですよ。

――「あの男」って、十四代ですよね。

中島　ぼーっとしとって、静かな感じの柿右衛門さんが。そのころはまだ柿右衛門を襲名しとりませんから正《まさし》ですね。

「少し頭おかしいんじゃないか」って僕はそのときいったらしいんですよ。そのくらい他の人とは違った雰囲気をもった男だったですよ。美男子で、哲学者のような風格があった。

他の者はチャカチャカしてるのに、よくいえばひとり悠然としとるっちゅうか。悪く言えばボケっとしとる。そういうような感じでしたよ。ところが、付き合えば付き合うほど味があってね、こりゃおもしろい、こんな奴は他にはいないぞっちゅうような感じになりましたね。私も生意気盛りだったから彼を呼び捨てにしてました。「おい、酒井田」とか、「おい、五右衛門」とかって。しかし、それをニコニコ笑って受け入れてくれるんですね、柿右衛門さんは。

――付き合っていても、年の差なんて感じさせない人でしたよね、十四代は。むしろ中島先生の方が年上のような感じだった。

中島　「酒井田」とか「五右衛門」とか呼び捨てにしてたので、他人は僕と柿右衛門さんが同級生やと思ってましたね。僕は「酒井田さん」とか一度もいったことないですよ。「おんちゃん、おんちゃん」とはいうてました。大阪弁でいう「おっちゃん」ですね。親しみ込めた「あんちゃん」みたいな感じですけど、そういう呼びかたはしてました。柿右衛門さんもそう呼ばれるのが好きでね。庶民的だし、ずっとそれで通しましたよ。

14代と中島宏
〈九州国立博物館にて。中島氏所蔵〉

昔、佐賀県陶芸協会の会長は柿右衛門さんの親父の十三代柿右衛門だったんですよ。三十人ぐらいの会で、年に三～四回集まりがあるんですけど、その集まりに行って最後まで残るのが私と柿右衛門（十四代）さんと黒牟田焼の丸田正美さんでした。丸田さんは五十五、六歳で亡くなりましたが、佐賀県では有名な人です。

黒牟田焼というのは朝鮮から帰化した陶工によって開窯された肥前の窯です。黒の釉茶、緑の釉薬を使うのが特徴のやきものですね。その丸田さんは濱田庄司（陶芸家。一八九四〜一九七八）さんのところで修行をしていて、濱田先生が亡くなるまで交流があった男です。丸田といえば濱田庄司、濱田庄司といえば丸田というような感じの人でした。

そんな三人が気が合ってというか、気が合うというより集まりでいちばん最後まで酒飲んで残っとるのが三人で、結局その三人が二次会に行って腹いっぱい飲んで、朝帰りするようなことになっていったんです。陶芸会のたびにですよ。やきものの話とか商売の話とかはなんにもせんけど、そういう飲み会はずっとつづいとった。

——それじゃ三人の評判は悪くなりますね。（笑）

中島　そんなことですから、あの三人は仕事もせんと酒ばかり飲んどるちゅう世間の噂が僕らの耳にも入ってきましてね。そんなんじゃいかん、われわれも仕事しとるところを世間に見せようじゃないかということになった。それで三人展をやったんですよ。正《まさし》、丸田、中島の三人がそれぞれぐい吞を作って、それをセットにして売った。一セット一万円で五十個か百個売りだしたら全部売れました。その売れた金がまた飲む軍資金になっちゃったんですけどね（笑）。福岡、東京の東急百貨店でそんな三人展をやりましたね。

当時の佐賀県知事は殿様の血を引く鍋島直紹さんでしたが、われわれのために推薦文を書いてくれましたよ。パーティーなんかもしましたね。三十代半ばごろの話です。楽しかったですね。

神戸でやったときなんか、祇園（京都）の茶屋から神戸の会場に通勤してましたからね。祇園の姉さんたちや女将さんたちも作品買って盛り上げてくれましたよ。パーティーは結局どこの場所でも赤字でしたけど。ハハハ……。柿右衛門さんは女性によくもてたよ。

ところが、そんな悪友だったのに、十三代は喜んでくれてね。「中島、お前のおかげでうちの息子（正）も仕事するようになった。仕事せざるを得んようになった」ちゅうて。僕が彼をまともにしたって思ったんですね、十三代は。まあ、三人展の期日までにちゃんと作品が間に合うだろうかと心配になって、僕も「五右衛門」の仕事場をそっと見に行ったことがあるんです。そしたら、夜の六時七時くらいにあの広い仕事場の隅に電気がついていて、じいさんの職人とああだこうだとやっとる彼の姿が見えました。それを見届けて抜き足差し足でそっと車の音立てんようにして帰ったことがありましたからね。

――そんなことがあったのですか。ところで、中島先生が十四代と知り合ったときには十二代はもう亡くなられていたのですか。

中島　十二代は亡くなられて、十三代だけの時代になっとりました。十三代は自分の息子が放蕩ばかりして仕事をしないの知っとるわけです。僕にとっちゃあ息子の「五右衛門」は格好の相棒、遊び友だちだったんですけどね。

十四代の作品のことをいいますとね、柿右衛門さん、当時は若者らしい大胆な絵を描いてました。線も太くて力強い。それこそ松竹梅や猪鹿蝶のような伝統的な模様じゃなくて、彼はカトレアとかシクラメンとか、モダンな絵柄をよく描きましたよ。ぼくは心ひそかに非常に若者らしくていいなと思ってました。正《まさし》時代ですから値段も安かったということもありましょうが。

彼の作品は個展でもそこそこ売れましたよ。僕らのはあまり売れなかったけど。それでもまあ、飲み代くらいはでましたね。ずーっとそうふうにして全国を遊びまくってた時代があったんです。何年くらいつづいたかなぁ。そういうのが彼との最初の出会いから一緒に展覧会するようになるまでの話ですよ。

急に話が飛躍しますけど、そうしてるうちにやがて十三代が亡くなるわけですよね。彼が十四代となって十三代の後を継ぐわけです。そしたら、人が変わったように彼は真面目になりました。十四代になると同時に彼は佐賀県陶芸協会の会長とか工藝会の理事とか幹事長とか、いろんな役職に就くようになって、コロッと人間が変わった。世間並みになった。僕としてはぜんぜん面白くない柿右衛門になってしまったわけなんです。そうなってから後の柿右衛門さんは、みなさんが知ってる柿右衛門さんです。

――十四代が柿右衛門になる前、正《まさし》の時代をよく知ってるのは中島先生くらいのものでしょうね。ピカソがピカソになる前、ピカソになる準備の段階こそがピカソにとって重要だったのと同じように、柿右衛門になる前の柿右衛門にこそ眼を向けなくてはと思うのですが。

中島　ですから、それまでの柿右衛門さんをいまから僕がしゃべります。陶芸界でそんな彼を知っているのは僕だけだったろうと思いますからね。

具体的にいえば、全国の飲み屋さん、芸者、料亭、ほとんどしらみつぶしというくらい遊びましたね。でも、飲み代なんかほとんど割り勘でしたよ、僕にもプライドありますからね。女性でもなんでも横にはべらしてというのかな……。はちゃめちゃで、遊ぶのを競った。そういう時代がしばらくつづいたんですね。

柿右衛門さんが十四代を継ぐとき、NHKの「土曜リポート」ちゅう番組のディレクターが友人としてコメントをもらいたいと僕のところにきたことがあったんですよ。そのとき、「中島先生、励ましの言葉はありませんか」というから、いってやったんですよ。「十四代として窯を継ぐのが大変ならやめればいいですよ」って。そうでないなら「よし、俺の出番がきた、満を持して今日を待っていた、というぐらいのつもりでないとあの家ではやっていけませんよ」って。

人に同情かうようなね、「大変だ大変だ」ちゅうような言葉を聞くとウンザリするといったんですよ、僕は。それまでの柿右衛門さんは、飲みながら「俺は跡は継がん」とか「人間国宝も断る」とか、そんなことばっかりいっとったんだけれど、ちゃっかりどっちも受けた。いや、彼の立場を考えると結局そうせざるを得んかったんですけどね。

僕は友人として、餞別の言葉としてそういうことをいったつもりなんです。思う存分、思い切りやれ、家柄とかなんとかというのは大きな負担かもしれんが、先祖は後の人を苦しめるために継がせようとしたんじゃなくて、後の者が仕事をやりやすい環境を整えて十四代にバトンを渡したんだと思うべきだ、ということですよ。先人を利用して自分がいい仕事をするのが先祖への供養になる。そうじゃないか、というような思いを話したんです。

今度十五代になる浩くんにも同じような話を最近しました。

——当時の窯はどういう状況だったんですか。

中島　柿右衛門さんは十四代になったと同時に、「うちの工房の仕事は少し荒れて作品が雑になっている」といって、まず食器作りに取り組みましたね。それまでは大きな壺とか鉢とかばかりやってましたからね。「やきものの原点は食器だ」ちゅうことで、まず十四代は最初に食器展をやりましたよ。これは先代がやらなかったことですね。

さらに柿右衛門窯の中の改革をしました。十四代が襲名した当時の工房は本当に粗末で、僕にいわせれば、世界に冠たる柿右衛門にしてはひどい作業場だったんですよ。十四代を継いだ柿右衛門さんは、それをきれいにして、整理して、建て直して、仕事しやすいように立派な工房に作り直しました。

それから海外で数多くの展覧会をやっていくわけです。僕も三回くらい一緒に参加しましたけど、全部で四十か国くらい回ったというてました。それまで、十三代まではいちども外国で展覧会なんかしてないんですよ、いちども。十四代は外国で美術館やコレクターの家などを巡りながら、先祖が作った作品を目の当たりにするんですね。それで自分の家のすごさを改めて知るわけです。

実は、日本に残っている江戸時代の白磁で上出来のものは少ないんです。特に有田あたりに貴重なものなんてほとんどありません。「紺屋の白袴」というんでしょうか、地元にはむかしの仕事がほとんど残ってなくて、窯のある地元よりもむしろ江戸や京都に残っているんですね。いま有田にあるコレクションは、あれはほとんど戦後手に入れたものですよ。それも昭和五十年以降くらいにヨーロッパから買ってきたのが多少陳列棚に並んでるという具合いですね。

ですから、古いむかしの仕事というものを有田の職人たちのだれもが見ていない。有田の職人が四百年くらい前から昭和までに焼いていたものの実物をわれわれはほとんど知らないんです。私たちの先祖がどんなもの焼いたのか、いま現にやきものを焼いとる私たち自身が知らんのですよ。

——十四代は足繁くヨーロッパにも行っていたようですからね。

中島　有田のやきものがヨーロッパには十七世紀前後に三百万個も四百万個も輸出されたという記録がありますけれども、そのなかに柿右衛門がたくさん混ざってたんですね。しかし、そういうようなヨーロッパにある作品の実物をわれわれは見たことがなかったんです、ごく最近まで。十四代を襲名した柿右衛門がそれをヨーロッパに行って直接目にしたわけ。それで、うちの先祖はすごいものを作ったんだと感動して、先祖に負けないようにせないかんと決意を新たにしたんですよ。

それから、あるものを復元したり骨董を買い込んだりした。おそらくいま美術館を開いてもいいくらい良いものが柿右衛門窯にはあるんじゃないですかね。古い大きな壺なんかは億の値がついたという話ですけど、十四代はそれを買いました。それまでは古い柿右衛門などほとんどなかったんです、十三代までは。十三代のときは、むかしの古いものがありませんかといったってだすものがなかった。道具屋が古い柿右衛門を持ってきたって、そんな高いものいらんといって十三代ははねつけてたらしいですから。

ところが、十四代はそういうものを大胆に買い込みました。いま柿右衛門窯の棚に並んでるものは全部十四代の目で集めたものなんです。

十四代の葬式のとき、僕は弔辞読ませてもらいました。そのなかで僕がいったことはつぎのようなことでした。「十四代は柿右衛門を現代に蘇らせ、柿右衛門様式をインターナショナルにした柿右衛門窯における中興の祖だった」と。

――十四代の功績を中島先生がまとめていうと、どういうことになりますでしょうか。

中島　十四代柿右衛門はすごいことをやったんですよ。公的役職をいくつもやり、作家たちには自分の知識を教え、後輩たちを育ててきたんです。九州国立博物館の役職をやりながら佐賀県立窯業大学の学長や九州産業大学美術学部の主任教授もやっておったんですね、十四代は。

そうやって後輩たちをいっぱい育ててきたのが彼の功績のひとつです。そして、自分のやきものの啓蒙運動をつづけてきたことがもうひとつの功績ですね。この二つの功績は非常に大きいと私は思うんですよ。

そういう大胆なことをどうして十四代がやれたかというと、やっぱり若いときに馬鹿遊びをしてたからだと思うんですね。十四代柿右衛門は「井の中の蛙」じゃなかった。海外行って、いろんなものをよく見ている。いろいろ勉強すればするほど自分の家柄がすごいちゅうことも認識した。

ヨーロッパなんか行くとね、たとえばドレスデンなんかに行くと、貴族の屋敷に柿右衛門コーナーがあって、柿右衛門ばかり置いてある部屋が何百年も前からあるんです。ドイツなんかの窯では、いまだに柿右衛門そっくりのものを焼いてる。向こうへ行くと、彼は「ミスター・カキエモン」といわれて、それはもう尊敬されとるわけです。

有田の商工会の会頭しとった深川正さんという面白い人がいます。香蘭社の社長で、東大出て英語ができる。海外旅行が好きで、古伊万里に大変興味をもっていた。その人が僕に、「おい中島、柿右衛門さんを口説いてヨーロッパの美術館回ろう。このへんの知事や町長たちを向こうへ連れて行ったたって相手してくれんが、柿右衛門が行けば向こうはなんでもオーケーや」と僕を口説くほどなんですからね。そういうふうに、「ミスター・カキエモン」ちゅうのが向こうへ行くと、どっからでも人がでてくる。

貴族の家に呼ばれて行くと、そこは柿右衛門のコレクターで、コレクター仲間がいっぱいおるわけですね。そして、そんなところに呼ばれるたびに彼は新しい、自分の知らなかった柿右衛門様式の作品を見ることになる。日本の本なんかにもでてない、どこにも発表されてないようなものを発見するわけですよ、彼は。

貴族一軒の家に何十点も柿右衛門があるっちゅうんですよ。それも、あっちにもこっちにもですね。やっぱり柿右衛門は他の古伊万里のものとは別格で、そのむかしから値段も高かった。ですから、柿右衛門を持ってるところは位の高いとこらしいんですね。

古伊万里は大量に日本から海外にでて行ってますから、まぁヨーロッパのどこにでもある。値段もうんと安い。柿右衛門とは美学が違う。

ヨーロッパの学者は、「あれだけ作品のグレードが違うということは、柿右衛門と古伊万里は同じ場所で焼いたのではないだろう。日本の学者はもっと勉強しないといかん」というそうですよ。あんなに違うものが同じ時代にできるわけがないとさかんにいうらしい。「いや、本当に有田で両方作ってるんですよ」といっても納得せんのですね、彼らは。「こっちは高級品、こっちは一般品」と説明してもわからんたい。

柿右衛門の土は洗練されてて真っ白でしょ。濁手は線も細くて優美だしね。古伊万里はどぎつくて、青くて、そばかすのようなものがあるでしょ。量も多いし、見てすぐわかるわけですよ。いまは鍋島様式、柿右衛門様式、古伊万里様式、古九谷様式と四つにわけて考えるようになっていますけど、昔はぜんぶ「柿右衛門」ということにしてました。

そのなかでも柿右衛門がヨーロッパでいちばん受けた。ヨーロッパの貴族が絶賛した。だから鍋島藩でも柿右衛門を別格扱いしたんです。柿右衛門さんはそういうこともわかってきて、歳を取ってきて、家を大事にせないかんちゅうことをだんだん自覚したんですね。柿右衛門さんはいろんな体験をしながら人間が変わっていったんです。

――人間、歳を取るっていうのもなかなか面白いし、改めて学べることも多いんですよね。

中島　真面目になってしまったんでね、僕としてはあまり面白くないわけです。堅物ちね。

ゅうかなんちゅうか、柿右衛門さんはそういう人間になっちまいました。むかしのようなチャランポランというか、若いころの伸びやかさがなくなった。その変わり目がわかるのが「つつじの花」(口絵三ページ)です。

ちょうどいまから三十五年ぐらい前でしたかね。まだ十四代を襲名する前の正の時代の作でした。僕たちは佐世保に遊漁船を借りて魚釣りに行ったんです。九十九島をずっと周ってるとき、ある島に赤い花が咲いとるのが見えたんですよ。「あれなんだろう」といって近づくと、つつじの花だった。弁当持って行ってたから、「よし、あそこで飯食おう」ちゅうて島に降りたら、岩陰の断崖につつじの花が風にそよいどったんですね。「こりゃいい、あれを肴にして飯食おう」ちゅうことになって、僕は元気やったから十メートル二十メートルの断崖絶壁に登って、つつじを折って持ってきたんです。「これはいいなぁ、これは絵になるばい。持って帰ろう」ちゅうてですよ。

帰りは当時、佐世保でいちばん古い料亭で晩飯食うように段取りしてたんです。いまはもうありませんが、「錦」という料亭ですね。「みつばち」という福岡でいちばん老舗のバーのママさんが一緒やった。「みつばち」ママさんの旦那というのは画家の野見山暁治ですよ、余計な話ですけど。まあ、葬式じゃこんなこといわれんからしゃべりませんでしたけど。

余計な話のついでにもっと余計な話をすれば、「みつばち」は私にいわせれば「日本の三大バー」のひとつですよ。「みつばち」「太田」「ラドンナ」、そういうところに僕らは入りびたってましたから。

その船遊びから三カ月ぐらい経ってからかなあ〜、そのときのつつじが上手く柿右衛門さんの絵に嵌ったらしい。そんな話を本人から聞かされとりました。僕は「そりゃ楽しみやねえ」っていってたら、翌年の九月に柿右衛門さんはそれを作品にして日本伝統工藝展に出品したんです。そして賞をもらった。彼が本当に世にデビューした年といっていいですよ。

それまで目立った受賞歴がなかったと思います。ですから、このときはじめて十四代柿右衛門が陶芸家として認知されたということになるんでしょうね。大鉢いっぱいにつつじを描いた作品で、いわゆる余白はまだないままですよ。「余白の美」にはならない作品でしたが、私はいままでの彼の作品の中では最高傑作だと思っています。

——正の時代の作は、やはり自由で、描き過ぎにも見えかねないものが多いと思うのですがね。必ずしも柿右衛門様式には嵌りきらないと思えるところが私も好きです。

中島　でも、描きすぎでした。しかし、若々しくて伸びやかで、いま思ってもあれがいちばんいいです。前の菊池寛美記念智美術館長だった林屋晴三先生もあれがいちばん良いといわれてましたが、僕もそう思いますね。その後ずっと彼の作った作品見てきたけども、その後はもう柿右衛門スタイルになってしまってます。しかし、あの作品だけは酒井田正の仕事ですよ。非常に個性的で、力強いつつじの赤の色が鮮やかで。

先日、追悼のとき久しぶりにあれを見ました。本人が「これだけは売らんで取っとく」といって家にあったということをそのとき知りました。久しぶりに見たら瑞々しい感じがして、ますます良く見えたですね。その大鉢を見とると、二十五年前に九十九島の船遊びでつつじを採ったときの状況がまざまざと湧いてきました。

柿右衛門さんとの思い出は、それこそ数が多くてどれをいったらいいかわからんほどあるんです。彼が亡くなってしまったいまは万感の思いがして、どの思い出も言葉にならんのですよ。けれども、あえて思い出をひとついえといわれたら、その、九十九島に魚釣りに行ったときのことなんです。

それから間もなく彼は十四代を継ぎました。

後のことはいろんな記録にも残ってます。その前のこと、十四代を襲名する以前のことは私と彼しか知らない、それこそ墓場に持っていかなきゃならない楽しい思い出がたくさんあるんです……。

十四代は魚釣りが好きだったんですよ。沖縄とか石垣島とかに毎年行ってましたね。大村湾にクルーザー持ってて、僕もだいぶ乗せてもらった。海が好きでしたね。自分の絵に海は全然関係ないのに。海も好きでしたが車も好きでした。車も、いろんなものを山ほど持ってました。

――十四代と十三代の両方と中島先生は付き合いがおありになった。

中島 実は、ある意味じゃ僕はどっちかちゅうと十三代との関係が密度が濃いんですよ、十四代の柿右衛門さんよりも。しょっちゅう十三代の相方をしとったんですよ、僕は。十三代が亡くなったときには火葬場まで行ってくれいわれて、霊柩車に乗せられて親族の人たちと一緒に火葬場まで行きました。それで、十四代と一緒に十三代の骨を拾ったんです。ですから、十三代、十四代、両方の骨拾ったのは僕ぐらいのもんばいって息子の浩くん（現在の十五代）にいったんですよ。

そうしたら十四代の息子の浩くんは「親父とはあまりしゃべったことがなくて、親父のことはよくわからないんです」っていうんです。僕に親父のことを「教えてください」いうんです。十四代は十五代を甘やかしちゃいかん、と思って厳しく一線を引いてたんでしょうね。一線を画して威厳を保つちゅうことなんでしょう。しかし、それでもやっぱり息子のことは気になっとったんでしょう、「あとよろしゅう息子を頼む」と僕にはいってましたから。でも、息子本人にはそんなことはひとこともいわんのですね。

十三代は、十四代のように「息子のこと頼む」なんてことはいいませんけど、「うちの息子、いまどこにおるかわからん。中島知らんか」というふうにいいよるわけですよ。こんど息子に会ったらこういうとってくれ、ちゅうようないいかたをするわけです。でも、その息子は十三代のすぐ側にいたんですよ、遠くじゃなくて。

まぁ、息子の十四代は嬉野の旅館で芸者はべらして飲んでるわけですけどね。で、「おい酒井田、親父が用事みたいや。家に電話してやれ」と僕が十四代に十三代からの伝言するんです。で、二〜三日してから十四代に「電話したか？」と聞くと、「まだしちょらん」て。そんな調子でしたもんね、十四代は。

愉快っちゃあ愉快ですけどね。親子断絶とか親子の仲が悪いとか、全然そうじゃないんですよ。どっちも照れ屋でね。ですから、親父の十四代もいまの十五代に対しては照れくさかったんだろうね。浩くんは説教されたり、なんやかんや、怒られてばかりおったらしい。褒めたくても褒めるのが照れくさかったんでしょう、十四代は。

――十四代は実は十五代のことをとても心にかけておいででした。表面は別でしたが。

中島　柿右衛門さんは「うちの息子は優しすぎて、人が良すぎる。あれはうちの跡継ぎにはむかんたい」いうてましたよ、十五代のことを。しかし、「それでいいって」私は柿右衛門さんにいったんです。「お前もそうやったろうが。継いでみればだんだん絵になる」って。十三代も、十四代のことをいうてました。「あの人（十四代）はどうせうちの家には向かんから、柿右衛門は十三代で終わりたい。もうそれでもよか」というようなことといってましたよ。ところが十四代になったら十三代どころか柿右衛門窯は隆盛しました。十三代のころとは比較にならんほど伸び、工場も充実したんですからね。

十三代は本当に職人肌で、仕事さえできればそれでいいという人でしたね。だから、人に騙されたりしました。騙されたというより、あのころはやっぱり経営は厳しかったんですよ、どこも。戦後の混乱期でしたからね。十四代が僕によくいってたのは、「親父は終戦前に満州から帰ってきて運が良かった」って。

十三代は軍隊に行って牡丹江の近くの掖河《えきか》ちゅうところにおったらしいです。それで、戦争前に召集解除になって日本に帰ってきた。有田の駅に着いたら、窯の職人たちがみんな迎えにきておったたって。

そこで聞かされたのが、「ちょうどよかった、あなた、うちは解散式しようということで全員集まっとるところです」っていう話だった。要するに、柿右衛門窯倒産という話ですな。これで閉窯するといって職人たちが集まっていたわけです。

「いいとこに帰ってこられました」ちゅうから、十三代は、「なにをしよっか、お前たちは。俺がやる」といって解散式を開会式に変更させたんだそうです。いつも十三代が僕にそういってました。十三代は「うちを再興してやるんだ」といってましたが、その後もずっと商売は上手くいかなかったみたいです。ああいう時代にはやきものなんか売れないわけですよ。

柿右衛門の名誉のためにこんなことをしゃべっていいのかどうかわからんけど、そういういろいろな苦労があって、今日の柿右衛門窯があるんですよ。これが歴史の真実というものなんです。十四代が私に、「中島たちは本当の苦労を知らんからなぁ」といったことも僕には忘れられませんね。赤貧の暮らしをした時代もあったということでしょう。

——十三代と十四代の違いはどのあたりにありましたか。

中島　十三代は商売が上手くありませんでしたが、時代がよくなってきた。十三代は作品もいい。林屋先生なんか、「十三代の作品は買っておけ。十四代はまだまだ」とか、古道具屋にいってたらしいですよ。十三代はセンスがあって仕事がいいんです。斬新で、大胆なものが十三代ですよ。

十四代は柿右衛門らしさを追求した人です。ヨーロパで柿右衛門様式をいっぱい見てるから、それから外れるようなものを作ってない。職人がへんなのをだすと「これはうちのじゃない、柿右衛門らしくない」というとりました。ところが十三代はそんなことひとつも考えずにやってる。余白も考えずのびのびとしてやっとるわけで、そのへんが十三代の魅力ですね。

十四代は生き方も世間との対峙の仕方も、柿右衛門らしさというものを取り戻そうとしてたんです。自分たちのプライドちゅうか、格付けちゅうか、そういうものをとり戻そうとしたのが十四代です。それまでめちゃくちゃになってた窯に十四代は昔の威厳を取り戻した。

十四代はそういうことをやった人だと僕は思っとります。十四代のやった仕事のいちばんすごいところは、柿右衛門というアイデンティティを取り戻しということ、それを実際にやり遂げたということなんです。

十三代の仕事は本当に奔放で大胆。生き方でもなんでもそうでした。十三代はあっけらかんとしてて、付き合ってて後味がよかったんですよ。十四代は寡黙でなに考えてるかわからんようなところがありました。本音でしゃべってるんかどうかわからんようなところがあった。非常に哲学的で思慮深いのが十四代。十三代は表も裏もわかる、まったく単純明快な人でした。親子でも正反対っていうのはよくあるでしょ。

私の窯は武雄にあるんですが、エリアとしては武雄も有田も一緒ですよ。直線で十キロくらいしか離れとらんのでそんな遠くない。佐賀県の陶芸協会員はいま五、六十人おるんですが、はじめて私が有田以外から会長になったんです。選挙なもんですから、前の会長だった柿右衛門とはタイプの違う、いいにくいことばっかりいってる僕みたいなん選ぶちゅうことは、なにか改革してもらいたいっていうこともあるんでしょうね、きっと。

十四代はものすごく誇り高い男でしたよ。言葉にはださないけどもね。私はそれをいつもいたるところで感じてました。さっきいった、親子で一線を画すというのもプライドの高さと関係があったと思いますね。どこかものすごく庶民的で、どこかものすごく気位の高い、そういうものを合わせ持った人でした。気位の高さを人には見せないところが彼の知性だった。

陶芸家としての人気は抜群ですよ。いまでも世界の陶芸界で彼ほど知名度が高い人はいないんじゃないですか。日本の陶芸界でもいちばん庶民的で、作品が売れてたのも、収入も、彼がいちばんでした。所得番付でも何十年間もずっとトップじゃなかったんじゃないですか、柿右衛門窯が。

従業員を五十人ほども食わしていかなあかんのですから、窯の社長としての顔も持っていた十四代は、それは大変だったと思います。「中島、お前は良かのう、一人で。うちは扶養家族がおって、飯食わしていかなあかん。うらやましい」というてました。でも、外にはそういう顔を全然見せなかった。

殿様やるのも大変なんですよ。柿右衛門さんは陶芸界の殿様ですから。いろんな意味で「長」でしょう。また、それにふさわしい人だった。雰囲気からしても、でんと座って絵になるんですから。だから、日本工藝協会の副理事長をやるのを嫌がったときや陶藝協会の会長を辞めるいうたときも、「何もしないでそこに座っとるだけでいいからおってくれ」といって、みなが止めるわけです。

――十四代と最後にお会いになったのはいつでしたか。

中島　僕が最後に十四代と会ったのは、彼が入院する一週間前でした。明日あさって入院する、退院したら積もる話がいっぱいあるけど、とにかく行ってくるって。

本人は死ぬ気なんてまったくなかったんです。家のなかも改装してどうするこうするいうてたらしいし……。しかし、入院してもなかなか病状がよくならないので、人間不信になっていたのかもしれんね。最期に会えたのは長女だけだったらしいから。娘が十四代の最期を看取ったって聞きました。

今度の入院が最後になるやろうちゅうわけです、本人は。よくなって帰ってくるつもりで、「今度の病院が最後だ」っていうとったんです。陰じゃ不安もあったろうけど、僕にはそういうこと一切見せなかった。僕にそんなことといったら世間にパーッと広まると思って、めったなことは中島にいわれんちゅうこともあったろうと思うけどね。

「病院に見舞いに行くけん」いうて別れました。僕は病院に何回も行きましたけど、面会謝絶で会えませんいわれてね。僕の名刺出したら合わせてくれるかもわからんちゅうて行ったんですけど、会わせてくれなかったですね。

「やっぱり噂通り相当悪いみたいだな、覚悟しとかないかんな」っていってたそのときに息子の浩くんから僕に電話があったんですよ。「十分前に父が亡くなりました」って。浩くんは大阪かどっかにおって、おふくろさんから中島に連絡してくれいわれたらしいです。僕も予定繰り上げてすぐに東京から長崎空港に帰りました。飛行場から柿右衛門さんの家へ直接行ったら、医大からちょうど柿右衛門さんの遺体が自宅に帰ってきたばっかりのところで、寝かせたところでした。まだ顔色が赤くて死人の顔じゃなかったです。

僕は「おんちゃん、おんちゃん」って号泣してしまいました。家族も一緒に泣いてましたよ。家の外にはマスコミがいっぱいきとったけど、言葉にならんしね、今日は話せないっていって僕は自宅に帰りました。

浩くんから訃報があったとき、ちょうど日本工藝会の記念展があって、仲間と柿右衛門さんの話をしたりしてたところだったんです。彼はずっと工藝会の中枢にいましたからね。柿右衛門さんが副理事長した後の副理事長が私。柿右衛門さんが九州の幹事長した後の幹事長が私、会長した後の会長が私。酒井田の後を僕がずっとしとるから、彼の苦労も全部わかるわけです。一心同体やったですね、晩年は。若いときは遊ぶときに一心同体で、晩年はそういう僕の向かないところでまた一心同体でした。

ですから、二人で飲みに行ってストレスを解消してました。柿右衛門さんにとって僕はストレス解消の道具だったですよ。彼のストレス解消に僕は大いに役だったと思ってるんです。彼にとって僕はそれ以上じゃないんです。彼に影響を与えたとか、感化したり導いたりとか、そんなことがまったくないのが僕という存在だった思います。

しかし、あの人のストレス解消の役に僕は十分たったとは思ってます。ですから、そういう役をさせてもらった僕は幸せだったとつくづく思いますね。十三代もそうですけどね。

僕は十三代、十四代の遊び相手だったんですよ。そういう役をさせてもらったというのが僕と柿右衛門さんとの関係のすべてでした。非常にいい相手でした。特に十四代は味のある、余韻のある男で、僕にとって忘れられない人物のナンバー・ワンじゃないかといま改めて思います。

——長時間、ありがとうございました。十四代との思い出は尽きませんが、とりあえず今日のところはこのへんで……。

第五章

父十四代目柿右衛門のこと

第十五代酒井田柿右衛門
聞き手／和多田進

柿右衛門の本焼き窯（撮影＝和多田進）

――十五代を襲名されたのは二〇一四年の何月でしたかね。

柿右衛門　二月四日でした。

――四百年もつづく酒井田家の十五代当主柿右衛門を継ぐという気持ちはどういうものなんでしょう。まず、そこらへんの話から……。

柿右衛門　まあ、生まれたときから家を継ぎなさいということでやってきたので、いつか継ぐだろうとは思っていたんです。しかし、実際に柿右衛門を継ぐとなると、ちょっと名前が大きかったんで戸惑ったというのが正直なところです。姓名としての名前は手続きを踏めば自動的に変わるんですけど、仕事といいますか歴史といいますか、そういうものの重さですね。

――柿右衛門というのは、たとえば先代の場合、それ以前の正という名前が戸籍からは抹消されて、戸籍上も酒井田柿右衛門になるんですよね。十四代も十三代も、初代以来ずっと酒井田柿右衛門になる。

柿右衛門 そうです。周りからは前の名前がなくなって寂しくないですかといわれるんですけれど、そういうのはあまり感じませんね。自分は柿右衛門を継いだ後もいままで通りに動いてるんですけど、名前だけが父とか祖父の名前と同じなわけですから、こういう所に行っても大丈夫かなとか、こういう買い物をしてもいいのかなとか、名前と自分の行動が一致しない感じがあります（笑）。

柿右衛門という名前と違ったことをしているんじゃないかっていうことです。柿右衛門に似つかわしくないこと、ちぐはぐなことになってないかなと、そういうことを思うことが多いですね。

——名前に慣れるまではしばらく時間がかかるかもしれませんね。柿右衛門を継ぐにあたって、なにか十四代と話し合われたようなことはあったんですか。

柿右衛門 それはまったくないです。

——そもそも先代とあまり親子の話をするということはなさそうだという感じをずっと以前から私は受けていました。しかし、それは表面上であって、他人に見えないところでお二人は実はいろんな話をしていたとか、そういうことはないんですか？

柿右衛門　仕事の話はいつもしていました。父にやきものを見せに行ったら、ここのデザインは良くないとかいわれるようなことはよくありました。父に褒められた記憶はあまりなくて、必ず悪いところを指摘される。そういう感じでした。「スケッチをもっとやれば、もっと上手くなるのに」とかともよくいわれましたね。いつも父にはいたらぬところを指摘されてばかりでした。

「絵を描いていなさい」ということはしょっちゅういってましたよね、父は。デザインも、「お前はチマチマ描いてて、もっと元気よくできないのか」みたいな、そんな話でしたね。

いますぐぱっと父のいってたことを思い出せないんですけど、そのうち時間が経てば、じわじわ父のいってたことが効いてくるんじゃないでしょうか。

15代のロクロを指導する14代（撮影＝和多田進）

――たとえば代々伝わってきた絵の具の話とか、石の混ぜ方とか、そういうことについて改めてひも解いてみる、というようなことは思われませんか。

柿右衛門　それはやろうと思っています。もう釉薬の調合なんかも自分なりに新しいものを作ってみようかなと思ってテストはしているんです。昔のものといまのものを比較しながらやっていこうという気持ちではいるんです。

――あなたの個展（二〇一四年九月二十三日～二十九日）を日本橋三越で見せていただきました。明らかに柿右衛門は新しく変わろうとしているといいますか、十五代が目ざす方向が見えてきたというような気がいたしました。先代までやらなかったことを試みようとされているな、ということを感じたわけです。

それは、以前の柿右衛門になかったわけではありませんが、たとえばあなたの「濁手　苺文花瓶」とか「濁手　桜文花瓶」なんかに見える植物の葉の裏側をあえて描いたものや、他の「濁手　桜文花瓶」なんかで虫食いの痕跡を葉に残したまま描いていることのうちに見られるんじゃないかと……。

あと、色のバランスとか余白の間の取り方は柿右衛門様式のキモなんでしょうけど、あなたの余白はいまのところ必ずしも柿右衛門様式の典型じゃないな、という気がしましたね、素人目ですけれども。

柿右衛門　柿右衛門様式となるといまの自分の個展の作風というのはそぐわないところがでてくるのかなと思います。ですからまあ、柿右衛門様式というのは窯の仕事としてやって、自分の作品は思いついたものをどんどん作って行こうと思ってるんです。

そういうふうに仕事を大雑把に二つにわけて、現状はこういう感じですっていうのをみなさんに見ていただこうと思っているわけなんですね。そういう心づもりで今回の三越の個展をやらせていただいたんですね。次は十月（二〇一四年）に宇都宮で個展をやらせていただきます。

——先代も栃木のどこかの美術館で個展をやられていた記憶がありますけれども。

柿右衛門　十四代が前に宇都宮で個展をやったのは二〇〇九年でした。

——あの地域には柿右衛門のファンが多いようですね。講演会が盛況だった記憶がありますから。ところで、先代のいいつけというか、先代の遺言のようなものはあるんでしょうか。

柿右衛門　直接いわれたのは、「スケッチだけはしておけ」ということぐらいですね。父は食器や原材料にこだわったりしていたので、原材料の調達のこととか不純物の話とか

色絵　えのころ草文　鉢（提供＝柿右衛門窯）

をしていた記憶はありますけれども、それ以外のことは……。

――先代の仕事のなかでいちばん大きかったことは、柿右衛門の原点に帰るということだったろうと私は思っています。もういちど食器というものを見なおし、ご飯茶碗からやってみようというようなことを考えておられた。そして、それを実践されたということだと思うんです。その点、十五代を襲名されたあなたはどう考えておられますか？

柿右衛門　食器が原点だというのは私もそうだと思っています。ですから、それはこれからも先代の仕事を踏襲してやっていこうと思います。父の場合は襲名したときからやきものに自分のデザインを描いて食器展をしていました。私の場合は、自分の絵を食器につけて父と同じようにというのではなくて、柿右衛門様式は食器に使い、自分の作品は別のところで展開しようと思っています。

――となると、あなたの作品は大物が多くなってくるということかしら。

柿右衛門　自分の作品は個展を中心にやっていこうと思っています。柿右衛門様式は食器の方で展開して、柿右衛門様式と自分の作品があまり混ざらないようにしようと。父はかなり食器にこだわってやっていましたが、有田焼創業四百年祭（二〇一六年）もありますので、それをきっかけに、できれば海外の方に食器なんかを展開していければいいですよね。

――国内もさることながら、外国の事情をしっかり見てこようということですね。たしかに、量的に言えば日本よりも、もしかしたらヨーロッパの方に柿右衛門様式はたくさん残っているのかもしれないですからね。

柿右衛門　けっこうあると聞いています。九州産業大学の柿右衛門様式磁器研究プロジェクトチームがヨーロッパをいろいろ調べて回ってかなり分厚い本ができるくらいは見てきたようです。その本は本屋なんかで売ってはいないんじゃないでしょうか。九州産業大学に行けば見ることができると思いますけど。

――少部数しか作られなかったんでしょうか。

柿右衛門　九産大の図書館かなんかに行ったらだれでも見ることができるかもしれません。

——生前、先代自身がそれを見てびっくりしたっていっておられたことを思いだしました。十四代つづいている柿右衛門窯の当主が柿右衛門様式の全貌については知らない部分もあって、外国で先祖の仕事を見てはじめて柿右衛門ってこういうものなのかという思いにかられたというんですね。柿右衛門様式という窯の重みを改めて知るということがあったというんですよね。

柿右衛門　ドイツ統一の前ですが、有田の窯元さんとか商人さんとかと一緒に父がヨーロッパに行ったんです。そこで美術館の地下倉庫に入っていろんなものを見たということです。埃を払ったら肥前磁器がいっぱいでてきてびっくりしたというようなことを話していました。そのときこんなにヨーロッパにはたくさんあるのかと思ったと、何度も父はいっていましたね。

——柿右衛門窯で現在持っているコレクション、あれを買い集めたのはやっぱり先代の手柄なんでしょうね。

柿右衛門　父はあまり買って持ってくるということはしてないですね。バブルのころで景気が良かったものですから、柿右衛門様式のものを買い戻すという動きはあったんでしょうけど。
――柿右衛門窯の過去の作品のコレクションを見ると、典型的な柿右衛門様式を集めておられるようにみえますね。これが柿右衛門様式だっていうような作品ばかりですものね。
それはそれとしまして、アーティストとしての十五代っていう顔もあるでしょうけど、これからは窯を経営していかなきゃいけない当主としての顔もあるわけですね。

柿右衛門　職人に給料を払わなきゃ作品も窯も維持できないのでね（笑）。作るだけだったら気楽でいいんですけど、それをお客さんに買っていただくということまでふくめての柿右衛門窯なんで、そこらへんもちゃんとやらないとと思っています。
――そういうことについての戦略のようなことを先代から何か聞いておられるんでしょうか。それとは別に、あなたもなにかしら考えておられると思うんですが……。

柿右衛門　父の場合は継いだときから世の中の景気が良かった。それで、そういう面では父は恵まれていたかなと思います。晩年はいろいろ苦労もあったみたいですけど、流れとしては、いちばん良いときに父は十三代から継いで、海外にもかなり行って見聞を広げたわけです。

――十五代は先代に比べるとあまりよくない時代にお父さんからバトンタッチさせられたというわけですか?

柿右衛門　あまりよくないですね（笑）。三十年後には良いときに継いだといえるようにしたいな、と思っていますが……。

――結局は品物、作品に価値がなければどうやってごまかしたってそれはごまかしなわけだから長続きはしません。イカサマでもいっときは良いときがあるかもしれない。でも、やっぱりちゃんとした仕事、クオリティの高いものを作らないといけない。それを運命づけられている。柿右衛門のような窯が生きのびていくには、仕事の質しかないんじゃないかなって気がしていますが……。

柿右衛門　次の世代に高いレベルで確実に技術を繋げていくのはなかなか難しいことだと思うんです。父はかなり厳しいことも平気で職人さんにどんどんいえる人だったんでよかったんですけど、私はちょっとそういうことが苦手なんですよ。そこらへんがあいまいになって、なんとなくダラダラっと変なふうにならなきゃいいなと思っています。軸になるようなものを早いうちに見つけて、それにこだわってやっていきたいですね。

――十五代は工場に突然入ったわけじゃありませんよね。職人さんたちの中で長い時間一緒に仕事をしてきたんですから、職人さんたちとは気心が知れているわけだし、そのあたりのことは心配ないいんじゃないですか。

柿右衛門　職人はみないい人ばかりなんです。そういう意味では父に感謝しているんですよ。ただ、仕事が丁寧になったぶんスピードは遅くなってきています。職人仕事なんで仕方のない点もあるんですけどね。でも、ある程度仕事が早くて、絵もしっかり描けるというのがいちばんいいんです。

――職人になるっていうのは、やっぱり若いときからじゃないと駄目ですかね。

柿右衛門　いや、いつからでもいいんです。けれども、細かいところまで目を使う仕事なんですよ。私も最近老眼になってきて、目は大事かなと思ってます。一人前の職人になるのには三十年はかかるんですね。ですから、できるだけ若いうちから余裕をもってはじめてもらったほうがいいには違いない。でも、八十歳を超えても腕の良い人は良いんで、そういう意味ではいつはじめてもいいんです。

――職人さんもさることながら、それを束ねていく事務方の人、つまり十五代をサポートする人、これもすごく重要ですよね。この人たちが洗練されたセンスをもっていて、あなたをどういうふうに世間に知らしめるかということを考えなきゃいけない。それはあなた自身じゃできないことですから。

柿右衛門　それはこれからの課題ですよね。

――いままでは当主であった先代が「こうしろ」といえばそれが実現できたでしょうけど、あなたの時代は、あなたをサポートする人たちが柿右衛門をどうプロデュースするかっていう能力が決定的に重要じゃないかということを私は感じています。

柿右衛門　まだ襲名したばかりで、自分が基盤を作ってやりたいという気持ちが強いんでしょうか。割りきって、彼らに任せきれてないところがあるんですね、きっと。

――そういう部署に有能な人間がいるかどうかで、窯は全然変わると思います。

柿右衛門　段取りというか、スケジュールを先々まで考えてやるような人はまだ育っていないですから。というか、私がさせてない、ということですかね。

――世間の常識と柿右衛門のことを十分把握して、どうすればもっとおもしろくなるかっていうことを考えられる人、信頼できる人をあなたが早くチョイスできるかどうか。それが窯の未来を考えるうえでけっこう大きいような気がします。

柿右衛門　そのへんの目端の利く人が必要ですね。そういう人がいるとは思うんですけど。

——マスコミにしても、柿右衛門だから向こうから勝手に取材にくるというふうに思って待ってたら、そのうち忘れられていつかこなくなるかもしれないわけですよ。取材されるのを待つのじゃなく、マスコミが取材にきたくなることを考える必要があるんじゃないでしょうか。

柿右衛門　そうですね。そういうことは早くやらないといけないですね。

——そうだと思います。十四代もそこに手を付けたかった。だけれども、雑用の山でなかなか時間がとれなかった。先代はそういうことに気づいていたと思いますね。

柿右衛門　父は仕事もいろんなものを掛け持ちでやってるような感じで、気づいていてもそこまでできなかったのかもしれないです。

——もう目一杯だったんでしょう。晩年はご病気だったし。

先代からバトンタッチされて、改めてお父さんはどんな人だったというふうに思われますか。父上を客観的に批評するとしたら、あなたから見た十四代はいったい何者だったんでしょうかね。

柿右衛門　むずかしい質問ですね。

——あなたにとっての先代を語る場合、いくつかの側面があると思います。まず、お父さんという側面がある。あるいは、アーティストとしての十四代ということもある。または、窯の当主としての十四代という側面もありますよね。

柿右衛門　父は窯主としては本当に目端の利く人だったんじゃないかと思います。言葉はボソボソとですけど、すごく的確なことをいってるといいますか、目的までの最短距離が見えてるというか、こうすればこうなるということがわかっているところがありました。絵のデザインにしても、これはだめでこっちの枝はもっと伸ばしてとか、パッと見てパッと変えるというところがありました。それがちゃんと筋道が立てられてるというか、なんですぐこんなふうにできるのかと思うくらいきちっとなるんですよね。

ちょっと離れたところから全体を観るという能力がすごくあったんじゃないかと思います。私なんかより才能はあったと思います。私が時間をかけて判断することも瞬間瞬間でわかるんで、そういうところはすごいなと思ってました。

家族としては、なにもしてもらってないのでなんともいいようがないですけどね（笑）。してもらってないというか、家の当主としては存在感がないというかですね。父親をやる気がないみたいな人でした。

――ずいぶんいろんな遊びを遊んでもいたみたいですしね。でも、十四代にとって遊び

柿右衛門家代々の墓。左端が14代（撮影＝和多田進）

は必要なことだったんでしょうね。

柿右衛門　外で仕事をしてたということでしょうね。人付き合いもかなりやってたんで。根っからの当主だったんだと思います。

——ただ遊んでたわけじゃなくて、それが全部仕事に繋がっていたわけですね。

柿右衛門　そうですね。外の方に聞くと褒められることが多くて、外の方はあまり父の悪口はいわれないです。私にいわないだけかもしれないですけど（笑）。

——いやそんなことないと思います。それは本当にそうだったんだと思いますね。家の人から見たら、「こんなに私たち捨てられてるのに、なにいってんの」と思うかもしれないけど、やっぱり全身全霊、窯のために十四代という名跡をまっとうされた人だと思います。私は本気でそう思ってますね。

柿右衛門　父は人の気持ちになって考えるということが自然にできる、そういうところがあったんじゃないかと思います。家族のこともわかってはいたんでしょうけど、あえて何もしなかったというか。

——あまりものも喋らない不思議な人でもありましたね。でも、あなたに対してはすごく厳しいな、と私は思っていました。

柿右衛門　父と私は性格が違うというのもあったんでしょうけど、かなり厳しく指導してもらったな、という思いはありますね。

——十四代のあなたに対するあの厳しいもののいい方は、ついついあなたに対する説教になっていくんですよね。だから、それに対してあなたは何かいうひまもない。

柿右衛門　子どものころから親子としてやりとりしていればいろいろいうんでしょうけど、そういうことがなかったので。

——でも好きでしょ、先代のことは。

柿右衛門　そうですね、あまり嫌いじゃないですけど。私の将来のことを気にしてくれているのがわかるから、複雑な気持ちです。なんていうんですか、それが雰囲気でわかったんでね。

――そういう意味で十四代は正直だったんです。私と話をしていても、いつもあなたの文句ばかりいってました。けれどもあなたのことが好きでしょうがなかったんですよ。それがあなたにどうやったら伝わるんだろうということをいつも考えてたと思います。ところが、十四代は口下手ですから、自分の思いを上手くあなたに伝えるセンスがなかった。まあ、高倉健が演じる〝男〟みたいな人でしたね。

柿右衛門 話が苦手な感じはないんですけどね。みなさんおっしゃる通り、シャイなんじゃないですかね。核心に触れるようなことはあえていわないみたいな……。

――でもまあ、あなたが先代のことを好きだって聞ければうれしいです。

柿右衛門 だいぶ守ってもらったって感じはあります。

――少し早い話で恐縮ですが、つぎは十五代から窯を十六代にどう繋ぐかということですね。

柿右衛門 そうですね。十六代はまだ小さいんで、いままで通りにやってたんじゃちょっと間に合わなくなるかなと思います。成人するまでにはひと通り何でもできるようにしとかなきゃダメかなとは思ってます。私もいつまでも生きてるわけではないですから、十六代が四十歳になるまで私は彼を見てられないんですね。

――十五代繋がってきた柿右衛門窯の歴史にはいろんなケースがありましたね。ちゃんとした職人さんとちゃんとしたサポーターをあなたが同時に作っていければ、それは十六代予定者にも繋がっていくわけですからね。

柿右衛門　そうですね。サポーターを作っておかないといけないですね。十六代目の下につく職人というのはこれから入ってくるわけなんで、いまの職人には指導するのに長けた人を育成しておかないといけません。いままでは見て覚えろみたいな感じでしたけど、これからは手取り足取り教えるような職人が必要です。

――たとえば、柿右衛門窯の職人を講師にして、ごく一般のユーザーに話をさせるということを考えられたらどうでしょう。そうすることで職人のステータスも上がってくるし、職人さんたちには他人に教えるという意識もでてきます。そういう活動のなかから柿右衛門のファンも生まれてもくるでしょう。

職人さんたちは窯のなかにいて仕事をしているだけじゃなくて窯の成果物を外の人たちに見せることが必要なんじゃありませんか。それによって柿右衛門窯の仕事の素晴らしさを一般の人びとに伝えることができると思うんです。こういうアイデアを本気になって考えられたらいいと思います。

柿右衛門　やきものだけじゃなくて技術力もお客様に提供するということですね。

――それを習ったからって、だれもその技術の水準にいく人はいません。盗まれる心配はないです。だけど、その技術を見分して窯の仕事をかいま見、味わえるってことは、一般の人びとにとっては大切なことなんですよ。まず偽物を見抜く眼を養えます。モノの良し悪しをわかる眼も養える。やきものをわかってもらうためにも大事なことじゃありませんか。

柿右衛門　それはいいですね。考えます。

――ぜひやられるといいと思います。

柿右衛門　うちも財団とか作ってるんで、活動の一環としてそういうことも提供できればいいと思います。

――内側（国内）からそうやって柿右衛門窯の地盤を作り直すこと、もう一回柿右衛門のファンをしっかり作りだすことができれば、柿右衛門窯の未来は明るいんじゃないでしょうか。それは有田の未来にも日本美術の未来にも繋がっていると思います。

柿右衛門　うちの場合は良いものを作って、お客さまに提供するときにこういうふうに使うんですよとハッキリ発信していくということしかできないんですね。でも、ひとつひとつ丁寧にもの作りをしていけばみなさんにもわかっていただけると思っています。売らなきゃいけないんでしょうけど、それは良いものがあっての話ですからね。

まず良いやきものを作るということをして、それからなるべく早いうちにいろんなことを展開できるようにする。そういうことだと思います。

——長時間ありがとうございました。この話が十四代の供養になることを願っています。がんばってください。

うしろ書き　十四代の哀愁

（聞き書き・編者）和多田進

長い付き合いなのに知己になった時期や場面を正確に思い出すことができない、ということが私にはよくある。第十四代柿右衛門さんの場合もその例外でなく、出会いの場所や場面、時期の記憶がいまの私にはない。ただし、別離の記憶は鮮明にある。

十四代と出会ってしばらくしたころ、私は十四代名義の著作が一冊もないことを知った。それで、十四代の人間とその業績を一冊の書物にしたいと考えるようになったのである。「聞き書き」をさせてほしいと十四代にお願いした。ところが、十四代はすぐには首を縦には振ってはくれなかった。理由は、自分の話すことが柿右衛門窯の未来にとってどういう影響をおよぼすかについて計算ができなかったからだと私は思う。一六〇〇年代前半から十四代にわたって四百年余もバトンを繋ぎつづけてきた窯の責任者として、次の世代にバトンを渡すのに自分の著作一冊が必要か否かを考えていたのだったに違いない、と思うのである。

なかなか首を縦に振らない十四代に、私は意地になった。あらゆる機会をとらえて約二年間、私は十四代を口説いた。あちらも頑固だったがこちらもしつこかった。結果、しぶしぶ十四代が折れた。その成果が『余白の美　酒井田柿右衛門』（集英社新書　二〇〇四年）となって結実したのである。盛大な出版記念会が催された。十四代は喜んでくださったのだと思う。もちろん私も大いに喜んだ。

その道中、私は十四代に筆舌につくせぬ世話にもなった。いまその詳細は端折るけれど、十四代をあちこち引っ張り回わさせてもらった恩を忘れない。いやな顔ひとつせず、十四代は私に引っ張り回されてくれた。熊本の美術館や北海道にも十四代は私の言うままに付き合って下さった。年老いた男の私が言うのも変だが、私は十四代に惚れていたのだったと思う。男が男に惚れたということもあるが、柿右衛門窯の仕事というものをもっともっと世の中の人に知ってもらいたいというお節介な思いが私にはあった。

ちなみに、写真家の荒木経惟さんと十四代が誼《よしみ》を通じるようになったのも私のお節介からであった。

何年かして、十四代は体調不良をしばしば口にするようになっていた。病院に行くと十

写真家・荒木経惟氏と。嬉野温泉で（撮影＝和多田進）

二指腸潰瘍だと言われたとか、大腸の調子が良くないとかとも言われるようになっていた。

二〇一三年三月十四日、それまで三年も四年も滞っていたこの原稿の最後の取材と思って私は有田に十四代を訪ねた。そのときの十四代はそれ以前の十四代とは様子がずいぶん違って、やつれが目立った。顔の皮膚が他人の私に明白なほど痛ましく、マスクの内側からの声には張りが失せていた。それでそのとき、私は取材をあきらめて雑談に切りかえた。これが十四代との永遠の別れになるだろうと思いながらの小一時間であったことを鮮明に思い出す。

この原稿について、「あとはすべて和多

田さんに任せます」と言いながら応接室の椅子を立ち、右手の人差し指と中指二本を額に寄せて敬礼のしぐさをしつつ微笑してドアの外に消えて行った十四代のうしろ姿を、いまも私は忘れることができない。哀愁漂う情景であったと思う。そのとき以来、ずうっと今日にいたるまで、私はその情景を幾度となく思い出しているのである。

十四代が応接室のドアの外に消えた後、しばし私は放心した。十四代は翌日かその翌日に入院した。そして、それきり退院もしないまま逝った。

私は見舞いにも行かなかったし葬儀にも行かなかった。必ずこの原稿を仕上げてみせるという内容の弔電一本で儀式を済ませた。それは十四代への私の愛であり、薄情であった。

この「聞き書き」にはあきれるほどの時間がかかっている。おそらく六年か七年という時間が浪費された。白水社の編集者・和気元さんと有田や博多まで行った記憶もある。東京の展覧会や茨城の美術館へも和気さんと一緒に行った。「待つのが仕事」の編集者とはいえ、彼の忍耐にはあきれる他なかった。その忍耐の結晶が本書であることをここに記しておかねばならない。私の人生があとどれだけつづくのか見当もつかないが、私より少しだけ若年の和気さんに「待つ」ことと「忍耐」ということの意味を私は教えられたと思っている。本当にありがとうございました。

そして、他の二人の協力者のことも記しておかねばならない。ひとりは大磯町在住の主婦・上村陽子さんのことである。彼女にとっては生まれてはじめてのテープ起こしを依頼したら、無謀な依頼とも思わずに彼女は快諾してくれた。そして、そのテープ起こしの原稿は私に大きな力を与えてくれた。そのことを私は忘れるわけにいかない。テープ起こしは単に録音テープを文字化するにとどまらないある種の勘と技術が必要な作業である。上村さんは瞬時にしてその才能を発揮し、私の予想をはるかに上回る原稿にしてくれた。中島宏さんと十五代へのインタビュー原稿は、彼女の協力によって結実したのである。

もうひとりについては身内だから余計なことは書かぬ。この原稿のすべてを手書きの文字からワープロ化する労力を提供してくれたその人には、身内とはいえ長い年月にわたって苦労をかけたと思う。このふたりの女性とひとりの編集者に助けられ、本書はようやく成った。心からお礼を言いたいと思う。ありがとうございました。

二〇一五年六月一日

著者略歴

一九三四(昭和九)年八月佐賀県有田町生まれ。

一九五八年多摩美術大学日本画科卒業。

一九八二年十月第十四代柿右衛門を襲名。日本工芸会理事、重要無形文化財保持団体(総合指定)代表に就任。

一九九九(平成十一)年九州産業大学大学院芸術研究科専任教授就任。(平成二十二年六月より名誉教授)

二〇〇一年七月重要無形文化財保持者(人間国宝)に認定。

二〇〇五年十一月旭日中綬章受章。

二〇一三年六月没(七十八歳)

遺言　愛しき有田へ

二〇一五年 九月一五日 印刷
二〇一五年一〇月一〇日 発行

著　者 ©　酒井《さかい》田《だ》柿《かき》右衛《え》門《もん》(14代)
発行者　及　川　直　志
印刷所　株式会社　三　秀　舎
発行所　株式会社　白　水　社
東京都千代田区神田小川町三の二四
電話 営業部〇三(三二九一)七八一一
　　 編集部〇三(三二九一)七八二一
振替　〇〇一九〇—五—三三二二八
郵便番号一〇一—〇〇五二
http://www.hakusuisha.co.jp
乱丁・落丁本は、送料小社負担にてお取り替えいたします。

株式会社 松岳社

ISBN978-4-560-08464-9
Printed in Japan